우주 과학을 코딩으로 파헤친다

사이언스 코딩

SCIENCE CODING

책의 저자

이영준 한국교원대학교 컴퓨터교육과 교수

- (현) IFIP(International Federation for Information Processing)/TC3 한국 대표
- (전) 한국컴퓨터교육학회 회장
- (전) 한국정보과학교육연합회 공동대표
- 2015 개정 교육과정 중학교 '정보', 고등학교 '정보' 대표 저자
- 스크래치 2.0(교학사) 공동 저자

최정원 컴퓨터교육학 박사

- 만월중학교 정보교사(교육학 박사)
- 2021~현재 한국정보교사연합회 부회장
- 2020~현재 제주대학교 지능소프트웨어교육센터 특임연구원
- 2019~현재 알지오매스 기획자문위원
- 2018~현재 한국컴퓨터교육학회 이사
- 스크래치 2.0(교학사) 공동 저자
- 2015 개정 교육과정 중학교 '정보', 고등학교 '정보' 공동 저자

머리말

소프트웨어는 모든 변화의 중심에 있습니다. 실생활에서는 소프트웨어가 스며들어 우리의 삶을 편하게 만들어 주고 있습니다. 손 안에 쥔 스마트폰의 앱이 우리 삶에 얼마나 편의를 제공하는지 생각해 보면 알 수 있습니다. 산업에서도 변화의 바람이 불고 있습니다. 전통적인 자동차 제조 회사뿐만 아니라 구글, 애플과 같은 IT 기업까지 자율주행 자동차 개발 경쟁에 뛰어들고 있습니다. 엔진, 외관과 같은 하드웨어적인 성능뿐만 아니라 센서를 통한 주변 상황 인식, 그래픽 처리 등을 할 수 있는 소프트웨어가 자율주행 자동차의 핵심 기술이기 때문입니다. 이와 같이 기업에서뿐 아니라 생명공학, 화학, 언어학, 사회학 등 많은 학문 분야에서도 소프트웨어 없는 연구·개발은 상상조차 하기 힘들어졌습니다.

이 책에서는 과학적 문제를 해결하는 소프트웨어를 다룹니다. 소프트웨어와 과학이 융합하면 다양한 과학 문제를 해결할 수 있습니다. 우리는 이 책을 통해 과학 분야에서 발생하는 궁금증들을 직접 시뮬레이션해 보며 탐구하고 해결할 수 있습니다. 교과서에서 알려주는 과학 현상의 발생 원인과 결과를 암기하는 대신 직접 프로그램을 만들고 연구하면서 학생들은 미래 과학자로서 발돋움할 수 있는 역량을 개발할 수 있습니다.

이 책은 2개의 Part로 구성되어 있습니다.
Part 01에서는 프로그래밍과 스크래치의 기초를 이해하고 간단한 프로그램을 직접 만들어 볼 수 있습니다. Part 02에서는 스크래치 프로그래밍을 통해 달의 공전 궤적이나 화성의 역행 운동, 천동설과 지동설 등을 탐구할 수 있는 시뮬레이션을 만들어 보고 현상을 연구하는 활동을 할 수 있습니다.

이 책을 따라 하며 모든 활동을 끝마칠 때쯤 여러분은 과학과 IT 분야를 융합하여 문제를 해결할 수 있는 미래 전문가가 되어 가고 있을 것입니다.

저자 일동

차례

PART 01 스크래치

사이언스 코딩

PART 02 스크래치 + 과학

PART 01
스크래치 I

| 클릭했을 때 |
| 100 만큼 움직이기 |
| 1 초 기다리기 |
| 10 만큼 움직이기 |
| 1 초 기다리기 |
| 안녕! 을(를) 2 초 동안 말하기 |

프로그래밍 언어가 무예요?

프로그래밍 언어로 프로그램을 작성하는 과정을 프로그래밍이라고 합니다. 우리는 프로그래밍 언어를 활용하여 필요한 명령들을 작성하여 프로그램을 만듭니다. 우리가 컴퓨터에게 명령을 내릴 때 컴퓨터가 우리의 언어를 이해할 수 없기 때문에 컴퓨터가 이해할 수 있는 형태로 명령을 내려야 하는데, 이때 필요한 것이 프로그래밍 언어입니다. 프로그래밍 언어는 다양합니다. 프로그래밍 언어에는 무엇이 있는 살펴보고 우리는 어떤 프로그래밍 언어를 사용할지 알아봅시다.

01 블록을 연결하여 만드는 프로그래밍 언어

블록을 조립하듯 명령 블록을 연결하여 프로그램을 만들 수 있습니다. 이러한 프로그래밍 언어를 **블록형 프로그래밍 언어**라고 합니다. 프로그래밍을 시작하는 단계라면 블록형 프로그래밍 언어로 프로그램을 만드는 것에 도전해 봅시다!

우리는 이 프로그램을 사용할 거예요!

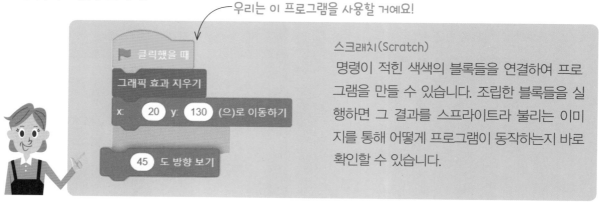

스크래치(Scratch)
명령이 적힌 색색의 블록들을 연결하여 프로그램을 만들 수 있습니다. 조립한 블록들을 실행하면 그 결과를 스프라이트라 불리는 이미지를 통해 어떻게 프로그램이 동작하는지 바로 확인할 수 있습니다.

엔트리(Entry)
스크래치와 같이 명령 블록들을 연결하여 프로그램을 만들 수 있습니다. 오른쪽 그림처럼 조립한 블록들을 실행하면 오브젝트라 불리는 이미지를 통해 그 동작을 확인할 수 있습니다.

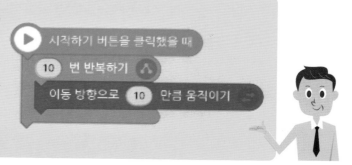

앱 인벤터(App Inventor)
안드로이드용 앱을 개발할 때 사용할 수 있는 그래픽 언어입니다. 화면에 버튼이나 글자를 입력할 수 있도록 구성하고 각각의 디자인 요소가 작동할 수 있도록 블록으로 프로그래밍합니다.

02 명령어를 작성하는 프로그래밍 언어

보다 전문적인 프로그래밍하려면 명령어를 텍스트로 작성하는 프로그래밍에 도전해 봅시다. 텍스트 기반의 프로그래밍 언어를 사용하여 프로그램을 만들어 봅시다. 텍스트 기반의 프로그래밍 언어는 말 그대로 프로그램 개발자가 글자를 입력하여 프로그램을 만들 수 있는데 사용되는 프로그래밍 언어입니다.

C 언어	지금까지 가장 많이 사용되는 프로그래밍 언어. 거의 모든 컴퓨터 시스템에서 사용할 수 있습니다. 프로그래밍 언어의 기초이자 뿌리라 할 수 있습니다.
파이썬 python	가장 인기있는 프로그래밍 언어. 문법이 쉬워 누구나 빠르게 배울 수 있습니다. 유틸리티 제작은 물론 그래픽, 웹 개발, 머신러닝 등 다양한 분야에서 활용할 수 있습니다.
자바 JAVA	웹 애플리케이션 개발에 가장 많이 사용되는 언어 중 하나. C와 비슷한 문법을 가지고 있는 객체 지향 프로그래밍 언어입니다.
자바스크립트 JAVAScript	웹 사이트를 구성할 때 사용되는 스크립트 언어. 자바스크립트를 활용하면 웹에 보다 다양한 효과를 넣을 수 있습니다.

03 왜 우리는 스크래치로 프로그래밍하나요?

스크래치는 누구나 쉽고 편리하게 사용할 수 있어 프로그래밍을 처음 접하는 사람들이 배우기 좋은 언어입니다. 명령이 블록 형태로 되어 있어 드래그 앤 드롭(Drag&Drop) 방식으로 프로그램을 작성할 수 있습니다. 이 때문에 프로그래밍의 기본 개념과 원리 학습에 집중할 수 있습니다. C나 Python과 같은 텍스트 프로그래밍 언어를 사용하기 위한 기초를 다질 수 있습니다.

스크래치에 대해 알아볼까요?

무대와 스프라이트를 내가 원하는 대로 동작할 수 있도록 명령 블록을 연결하여 코드를 작성하면 스크래치를 활용한 컴퓨터 프로그램을 만들 수 있습니다. 본격적인 스크래치 프로그램을 만들기에 앞서 스크래치에 대한 기본 정보를 더 알아봅시다.

01 스크래치 프로그램을 시작해요

스크래치는 인터넷 접속을 할 수 있다면 사이트에서 곧바로 사용할 수 있습니다. 프로그래밍이라고 하면 보통 어려운 명령어를 일일히 키보드로 입력하는 것을 생각하지만, 스크래치는 마우스를 사용해서 명령어가 적힌 블록들을 옮겨 쉽게 프로그래밍할 수 있습니다.

스크래치 프로그램 열기

02 명령 블록을 연결해요

스크래치에서 컴퓨터에 내리는 명령 블록은 각각 다른 색으로 그룹지어 구분되어 있습니다. 이러한 명령 블록을 연결하면 하나의 프로그램이 됩니다.

퍼즐처럼 블록으로 연결
해서 프로그래밍 하기

03 스프라이트를 제어해요

스크래치는 사람, 탈것, 물건, 동물 등의 이미지를 사용하여 프로그램을 만듭니다. 이미지를 스크래치의 무대에 올리면 이것이 바로 스크래치의 스프라이트가 됩니다. 스프라이트는 코드에 적힌 명령 대로 제어되어 프로그램을 완성합니다.

입력에 따라 말할 수도,
뛸 수도 있어요!

04 스크래치를 설치해요

스크래치 프로그램은 온라인(인터넷에 접속하여 사용)에서 사용할 수 있고, 오프라인(소프트웨어를 다운로드하여 설치하여 사용)으로도 사용할 수 있습니다.

1 스크래치를 온라인으로 사용하기

스크래치는 구글 크롬(Chrome) 브라우저로 홈페이지에 접속해야 합니다. 홈페이지 주소는 https://scratch.mit.edu/입니다. 화면 왼쪽 위에 있는 [만들기]를 클릭하면 스크래치로 프로그래밍을 할 수 있는 페이지로 이동합니다.

① https://scratch.mit.edu
    를 입력해 접속해요

② [만들기]를 클릭하면 프로그래밍
    페이지로 이동해요

2 스크래치를 오프라인으로 사용하기

스크래치를 내 컴퓨터에 설치하여 오프라인 상태에서도 사용할 수 있습니다. 스크래치 홈페이지에 접속하여 홈페이지 아래 메뉴에 있는 [다운로드]를 클릭하여 내가 사용하는 운영체제에 맞는 스크래치를 선택하여 설치합니다.

① 스크롤 바를 아래로 내려보세요

② [다운로드]를 클릭합니다

③ [Windows]를 클릭하면 설치할 수 있어요

스크래치 화면을 살펴볼까요?

내 컴퓨터에 스크래치를 설치하였나요? 오프라인 스크래치를 열고 스크래치 화면을 살펴봅시다. 왼쪽에서 명령 블록들을 조립해 코드를 완성하면 오른쪽에 있는 무대에서 스프라이트가 명령에 따라 동작합니다.

코드 탭을 선택하면 명령 블록들이 나열되어 있습니다

모양 탭에서 스프라이트의 모양을 다양하게 설정할 수 있습니다

소리 탭에서는 소리를 설정할 수 있습니다

메뉴가 한글로 표시되지 않으면 여기를 클릭해서 '한국어'를 선택합니다

이 블록들을 오른쪽의 코드 영역으로 드래그하여 코드를 만듭니다

코드 영역으로 여기에서 프로그램을 만듭니다

기능별로 묶여있는 코드 그룹을 선택합니다

코드 영역의 블록 크기를 변경할 때 사용합니다

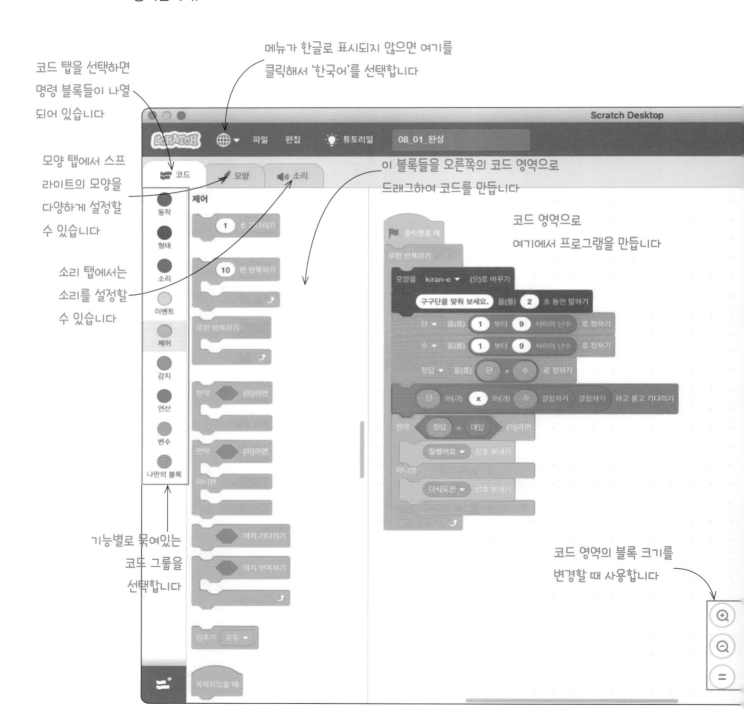

무대는 프로그램이 실행되는 곳입니다. 스프라이트
는 스프라이트 창에서 관리됩니다. 코드 그룹을 선
택하면 그룹에 속한 코드 블록이 모두 표시됩니다.
이 코드 블록을 코드 영역으로 드래그하여 프로그
램을 만듭니다.

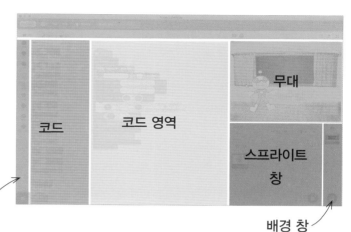

블록 그룹

배경 창

초록색 깃발을 클릭하면 프로그램이 실행됩니다

빨간 버튼은 실행되고 있는 프로그램을 멈춥니다

무대를 좁히고 코드 영역 넓혀줍니다

코드 영역을 모두 숨기고 무대만 보여줍니다

기본 크기로 무대를 넓혀 줍니다

무대 영역입니다. 작성된 코드대로
동작하는지 확인할 수 있습니다.

스프라이트의 이름, 위치, 크기, 방향 정보를 알 수
있고, 변경할 수 있습니다
스프라이트를 무대에서 보이거나 숨길 수 있습니다

스프라이트

Kiran   ↔ x -99   ↕ y -46

보이기   크기   방향

◉ ⊘   100   90

Kiran   Hatchling

현재 무대에서 사용하는
배경이 표시됩니다

무대에서 사용하는 모든 스프라이트가 있습니다
선택한 스프라이트는 파란색으로 표시됩니다

배경을 추가할 때 [배경 고르기]
버튼을 클릭합니다

스프라이트를 추가할 때 [스프라이트 고르기]
버튼을 클릭합니다

스프라이트가 뭐예요?

스프라이트는 스크래치 프로그램에서 사용되는 캐릭터와 같은 이미지를 말합니다. 스프라이트는 명령 블록을 연결하여 만든 프로그램에 따라 움직일 수 있습니다. 스크래치에서는 다양한 스프라이트를 제공합니다. 직접 스프라이트를 만들거나 다운로드 받은 이미지를 불러와 사용할 수도 있습니다. 스프라이트를 어떻게 사용하고 어떤 역할을 하는지 더 자세히 알아봅시다.

01 스프라이트가 하는 일

스프라이트는 코드에 따라 움직일 수 있는 이미지 객체라 할 수 있습니다. 스크래치로 프로그램을 만들 때 스프라이트가 꼭 필요합니다. 프로그램을 만들어 실행을 시키면 코드에 따라 스프라이트가 동작합니다.

02 스프라이트 추가하기

무대 위에 스프라이트의 개수가 많을수록 프로그램이 풍성해집니다. 스크래치에서 제공하는 스프라이트를 삽입할 수도 있고, 내가 직접 스프라이트를 그려 사용할 수도 있고, 내 컴퓨터에 저장된 그림을 가져와서 사용할 수도 있습니다.

① 스프라이트 영역을 알아봅니다.

스프라이트를 무대에서 표시하거나 숨기고, 크기를 변경하고, 위치나 방향을 수정하는 등의 작업은 스프라이트 영역에서 이루어집니다.

스프라이트 이름을 표시하고 수정할 수 있습니다

무대에서의 스프라이트의 현재 위치를 표시하고 수정할 수 있습니다

스프라이트를 무대에서 표시하거나 숨길 수 있습니다

스프라이트의 방향을 표시합니다. 회전 방향을 수정할 수 있습니다.

스프라이트를 현재 크기를 표시하고 수정할 수 있습니다.

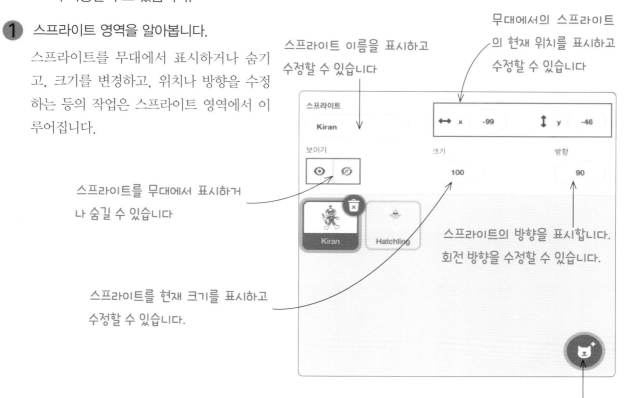

스프라이트를 추가합니다

② 스프라이트를 추가합니다.

[스프라이트 고르기]에 마우스를 올리면 메뉴가 등장합니다. 원하는 메뉴를 선택해 스프라이트를 추가합니다.

저장소에서 스프라이트를 선택합니다

내 컴퓨터의 이미지를 불러와 사용합니다

저장소의 스프라이트를 랜덤으로 선택합니다

스프라이트를 직접 그려 사용합니다

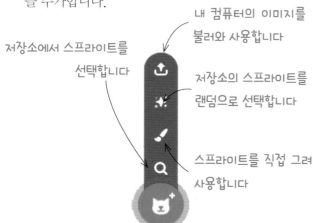

③ 스프라이트를 삭제하거나 복사합니다.

스프라이트 영역에 있는 스프라이트를 선택한 뒤, 마우스 오른쪽 버튼을 누르면 스프라이트 삭제 또는 복사할 수 있습니다.

휴지통을 클릭하면 스프라이트가 바로 삭제됩니다

스프라이트를 PC로 저장합니다

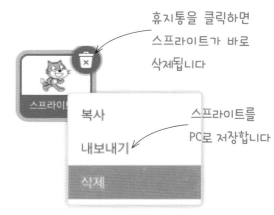

프로그래밍을 시작해요

스프라이트를 움직이려면 명령 블록들을 사용해야 합니다. 블록들은 그 기능에 따라 서로 다른 색으로 분류되어 있습니다. 명령 블록을 연결하여 코드를 작성해 스프라이트를 움직여 봅시다.
간단하게 무대에서 말을 하고 오른쪽으로 이동하는 스프라이트를 만들어 봅시다.

01 색으로 구분할 수 있는 블록

스크래치에는 9개의 블록 그룹이 있습니다. 그룹을 클릭하면 그 그룹에 속한 블록들이 모두 표시됩니다. 같은 그룹에 있는 블록들은 같은 색을 띱니다.

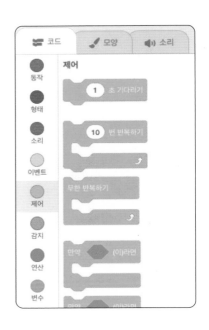

  그룹 목록 가장 아래에는 왼쪽 그림과 같은 확장 기능 고르기 버튼이 있습니다. 이것을 클릭하면 음악을 연주하기, 펜으로 그리기, 카메라로 움직임을 감지하기 등의 기능을 하는 블록 그룹을 추가할 수 있습니다.

02 명령어가 적혀 있는 블록

블록에 적힌 명령에 따라 스프라이트가 동작합니다. 사용한 블록에 따라 회전을 할 수도 있고, 말을 할 수도 있고, 색이나 모양을 바꿀 수도 있습니다.

1 **동작·형태·소리** 블록에 대해 알아봅니다.

동작 블록은 스프라이트가 다양하게 움직이도록 명령을 내리는 블록입니다. 형태 블록은 스프라이트가 말하는 동작, 모양이나 색 등을 바꾸는 동작을 하도록 명령을 내리는 블록입니다. 소리 블록은 스프라이트가 소리를 내거나 음량을 조절할 수 있도록 명령을 내리는 블록입니다.

❷ 이벤트·제어·감지 블록에 대해서 알아봅니다.

이벤트 블록은 무대에서 발생한 이벤트에 따라 스프라이트가 다른 명령을 따를 수 있도록 명령을 내리는 블록입니다. 제어 블록은 명령의 반복을 하거나 조건에 따라 명령을 내리는 데 필요한 블록입니다. 감지 블록은 무대에서 어떤 동작이 일어났는지를 감지하는데 필요한 블록입니다.

초록색 깃발을 클릭하면 아래 이어진 다른 명령 블록을 실행합니다

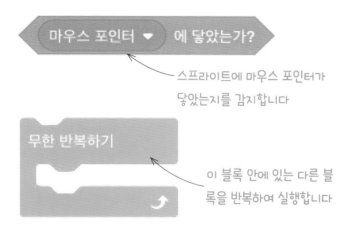
스프라이트에 마우스 포인터가 닿았는지를 감지합니다

이 블록 안에 있는 다른 블록을 반복하여 실행합니다

스크래치의 프로그램 시작은 녹색 깃발을 클릭했을 때 이루어집니다. ▣클릭했을때 블록은 코드 작성시 반드시 사용해야 합니다.

03 간단한 코드를 작성하기

스프라이트를 무대에서 움직이려면 명령 블록을 연결하여 실행합니다. 명령 블록은 가장 위에서부터 아래로 차례로 실행됩니다.

녹색 깃발을 클릭하면 코드 주위에 노란색으로 표시되면서 프로그램이 실행됩니다

이 블록이 가장 마지막에 실행됩니다

안녕

프로그램이 실행될 때 위에서부터 시작하여 아래로 실행되는 것을 '순차구조'라고 합니다.

스프라이트가 움직여요

우리는 컴퓨터 게임 속 캐릭터를 키보드나 마우스로 움직여 장애물을 뛰어넘거나 빠르게 달리는 등의 동작을 할 수 있습니다. 스크래치의 스프라이트는 게임 속 캐릭터와 같습니다. 재미있는 프로그램을 만들기 위해 스프라이트를 자유자재로 움직일 수 있습니다. 스크래치에서 동작 블록들을 사용하여 스프라이트를 무대에서 움직여 봅시다.

01 스프라이트를 움직이는 동작 블록

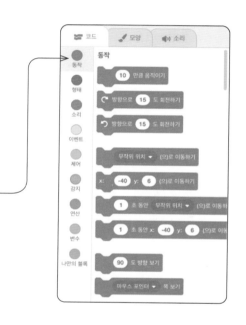

스프라이트를 움직이도록 명령하는 블록들이 바로 동작 블록입니다. [코드] 탭에서 보면 파란색의 [동작]을 클릭하면 동작 블록들이 표시됩니다. 동작 블록들은 스프라이트를 이동시키거나 회전 및 위치를 바꿀 수 있습니다.

여기를 클릭하면 동작 명령이 적힌 블록들이 모두 표시됩니다 —

동작 그룹에는 스프라이트를 이동, 회전 등 스프라이트 동작과 관련된 블록이 총 18개 있습니다.

① 입력한 숫자만큼 움직이기

스프라이트를 이동 방향으로 움직일 때 사용합니다. 안에 있는 숫자는 원하는 만큼 입력할 수 있습니다. 높은 숫자일수록 멀리 이동합니다.

입력한 숫자만큼 스프라이트가 움직입니다

    10 만큼 움직이기

다음과 같이 제어 그룹의 무한 반복하기 사이에 끼워 넣으면 계속해서 움직입니다

무한 반복하기

    10 만큼 움직이기

코드 영역에 있는 블록을 클릭하면 해당 블록의 주위가 노란색으로 바뀌면서 스프라이트가 움직입니다

2 원하는 위치로 이동하기

정해진 시간동안 입력한 위치로 이동할 때 사용합니다. 위치는 x좌표와 y좌표로
정합니다. 좌표에 대해서는 다음 페이지에서 더 자세히 알아봅시다.

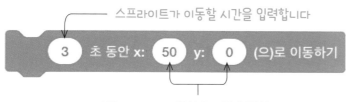

스프라이트가 이동할 시간을 입력합니다

3 초 동안 x: 50 y: 0 (으)로 이동하기

스프라이트가 이동할 위치를 입력합니다

3 회전하기

스프라이트를 시계 방향 또는 시계 반대 방향
으로 회전시키는 블록입니다.

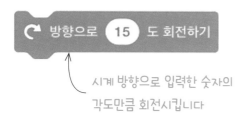

시계 방향으로 입력한 숫자의
각도만큼 회전시킵니다

무한 반복하기

방향으로 15 도 회전하기

시계 반대 방향으로 회전시킵니다

4 방향 보기

스프라이트의 방향을 바꾸는 블록입니다. 블록 안
에 숫자를 클릭하고 화살표를 드래그하면 각도를
입력하여 방향을 변경할 수 있습니다.

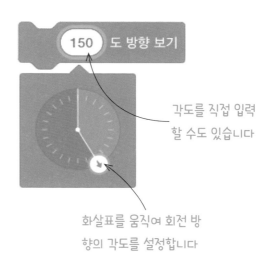

150 도 방향 보기

각도를 직접 입력
할 수도 있습니다

화살표를 움직여 회전 방
향의 각도를 설정합니다

5 벽에 닿으면 튕기기

벽에 닿으면 튕기기 블록을 사용하면 스프라
이트가 무대 벽에 닿을 때 더 이상 이동하지
않고 반대 방향으로 튕기게 됩니다.

무한 반복하기

10 만큼 움직이기

벽에 닿으면 튕기기

6 마우스 따라 움직이기

마우스 포인터(으)로 이동하기 블록을 사용하면
스프라이트가 마우스의 위치를 따라 이동합니다.

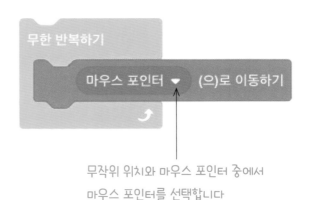

무한 반복하기

마우스 포인터 ▼ (으)로 이동하기

무작위 위치와 마우스 포인터 중에서
마우스 포인터를 선택합니다

무대의 위치를 알 수 있어요

무대는 모든 스프라이트들이 등장하고 동작하는 공간이라 할 수 있습니다. 무대 위 스프라이트의 위치와 움직임을 제어하기 위해서는 무대의 좌표에 대해 알아야 합니다. 무대는 x, y 좌표로 구성되어 있습니다. 따라서 스프라이트의 위치도 x, y 좌표값으로 표시됩니다.
이번에는 코드 영역이 아님 무대 영역에 대해 자세히 알아봅시다.

01 무대의 배경을 바꿔요

무대는 스프라이트가 표시되고 움직이는 곳으로 스크래치 코드에 따라 프로그램이 실행되는 곳입니다. 스크래치에서 제공되는 배경을 사용할 수도 있고 직접 그려서 넣거나 내 컴퓨터에 저장되어 있는 그림을 배경으로 사용할 수도 있습니다.

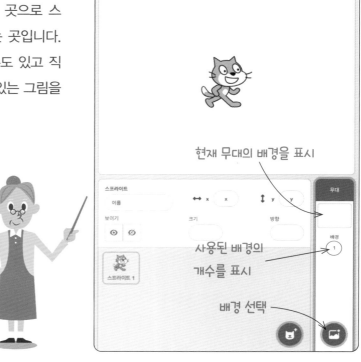

① 무대의 배경을 추가하기

[배경 고르기]에 마우스를 올리면 원하는 메뉴를 클릭하여 배경을 추가합니다.

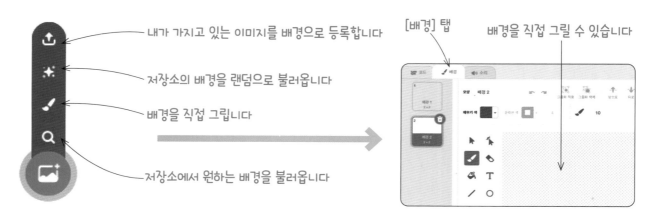

02 무대에 좌표가 있어요

스프라이트를 무대 위에서 움직여 보면 무대 아래에 현재 스프라이트의 위치를 알 수 있습니다. x축(가로 방향)의 값과 y축(세로 방향)의 값으로 스프라이트의 위치를 표시합니다.

① 스프라이트의 위치 확인하기

스프라이트 영역에서 '↔', 'x' 표시가 있으며 뒤에 있는 숫자가 x좌표의 위치를 의미합니다. '↕', 'y'표시는 y좌표의 위치입니다. 무대 중심(0, 0)으로부터 왼쪽이나 오른쪽으로 얼마나 떨어져 있는지를 나타내는 값이 'x', 위나 아래로로 얼마나 떨어져 있는지를 나타내는 값을 'y'입니다.

빈칸에 직접 숫자를 입력하여 위치를 정할 수도 있습니다

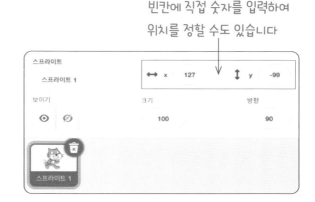

② 무대의 좌표 이해하기

무대 위에서 위치를 무대 중심(0, 0)에서 위 또는 아래, 왼쪽 또는 오른쪽으로 어느 정도 떨어져 있는지는 숫자로 표시합니다. 이때, (x, y)의 형식으로 좌표를 표시합니다. 중심으로부터 왼쪽 또는 아래로 떨어져 있을 때에는 마이너스를 사용하여 숫자 앞에 '-' 를 붙입니다.

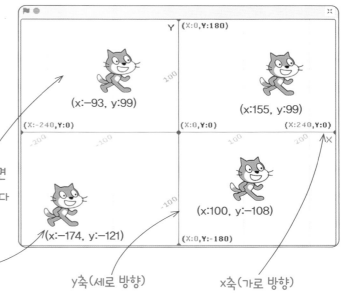

무대 배경을 'Xy-grid'로 선택하면 x축과 y축이 표시됩니다

이 스프라이트는 무대 중앙에서 왼쪽으로 174(-174), 아래로 121(-121) 만큼 떨어져 있습니다

y축(세로 방향)   x축(가로 방향)

좌표를 사용하는 블록은 어떤 것이 있을까요?

스프라이트를 특정 위치를 지정하거나 이동시킬 때 다음과 같은 블록을 사용합니다. 다음은 좌표 값을 사용하는 동작 블록입니다.

'x'와 'y'에 입력한 위치로 이동합니다

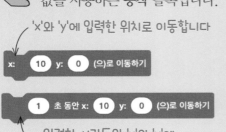

입력한 시간동안 'x'와 'y'에 입력한 위치로 서서히 이동합니다

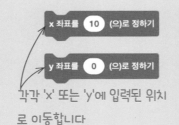

각각 'x' 또는 'y'에 입력된 위치로 이동합니다

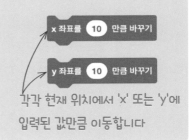

각각 현재 위치에서 'x' 또는 'y'에 입력된 값만큼 이동합니다

이벤트란 무엇일까요?

스크래치에서 이벤트란 녹색 깃발 또는 스프라이트, 특정한 키를 누르거나 어떤 신호를 받았을 때 프로그램이 실행되는 것을 '이벤트가 발생한다'라고 합니다. 이벤트 블록은 프로그램 실행에 반드시 필요하기 때문에 코드에서 가장 위에 위치하여야 합니다.

01 마우스를 클릭하면

무대 위에 표시되어 있는 초록 깃발을 마우스로 클릭하였을 때 또는 마우스로 스프라이트를 클릭했을 때 프로그램이 실행되도록 할 수 있습니다.

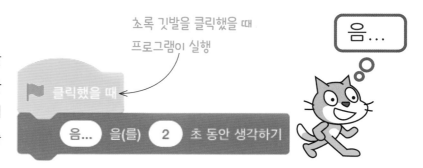

초록 깃발을 클릭했을 때
프로그램이 실행

음...

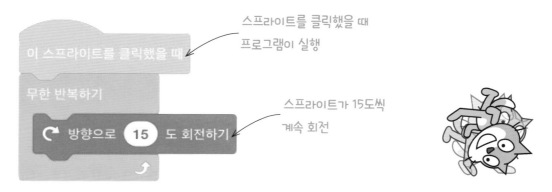

스프라이트를 클릭했을 때
프로그램이 실행

스프라이트가 15도씩
계속 회전

02 배경을 바꾸면

배경에 따라 코드 실행을 달리 할 수 있습니다. 오른쪽 코드는 무대에 무대 배경을 'Xy-grid'로 사용하였을 때는 스프라이트를 숨기고 '배경 1'로 바뀌었을 때는 스프라이트를 보이게 합니다. 스크래치에서 직접 이 코드를 만들고 어떻게 실행되는지 확인해 봅시다.

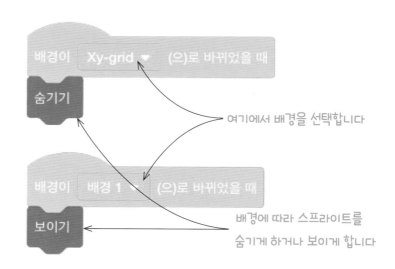

여기에서 배경을 선택합니다

배경에 따라 스프라이트를
숨기게 하거나 보이게 합니다

03 키보드를 누르면

키보드에서 특정한 키를 누를 때마다 코드가 실행되도록 할 수 있습니다. 왼쪽 코드는 키보드에서 스페이스키를 눌렀을 때 스프라이트에 말하기 명령이 실행되고, 오른쪽 코드는 위쪽 화살표키를 눌렀을 때 스프라이트에 생각하기 명령이 실행됩니다. 스크래치에서 아래 코드를 만들어 확인해 봅시다.

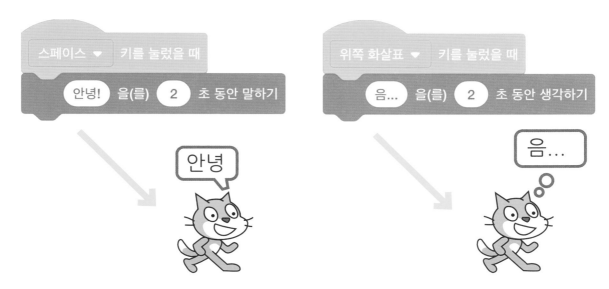

04 음량 또는 타이머에 따라

컴퓨터에 마이크가 연결되어 있다면 마이크로 입력받은 소리 크기로도 프로그램을 실행할 수 있습니다. 또한, 타이머로 시간을 정해 그 시간으로도 프로그램을 실행할 수 있습니다. 스크래치에서 **음량 > 50일 때** 블록을 사용했을 때 프로그램이 실행되도록 다음과 같은 코드를 만들어 확인해 봅시다. 음량이 50보다 크면 스프라이트에서 '야옹' 소리가 재생되고 50 이하이면 아무 소리도 재생되지 않습니다.

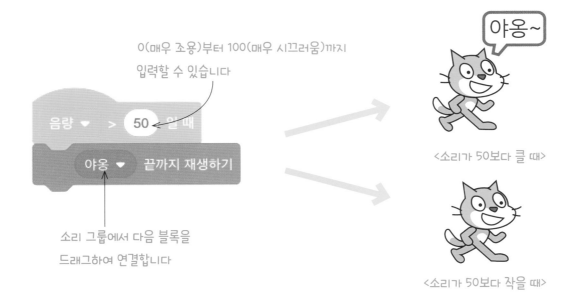

스프라이트의 모양을 바꿔요

형태 그룹의 블록들을 활용하면 스크래치 무대에서 스프라이트는 말하는 동작 또는 생각하는 동작을 하거나 모양이나 크기를 바꿀 수 있습니다. 이뿐만 아니라 색 변경이나 모자이크 효과와 같은 그래픽 효과를 적용하고, 무대에서 숨거나 나타날 수 있습니다.

01 스프라이트의 크기를 바꾸거나 무대에서 숨겨요

스프라이트의 크기를 변경하거나 스프라이트를 무대에서 숨기거나 다시 나타나게 할 수 있습니다. 형태 그룹에서 다음 블록을 코드 영역으로 드래그하여 코드를 만들어 봅시다.

① 크기 바꾸기

스프라이트의 크기를 변경할 때 사용하는 2개의 블록이 있습니다. 수를 입력하여 크기를 변경하는 블록과 원래 크기에서 %로 크기를 조절하는 블록이 있습니다.

0보다 큰 수를 입력하면 크기가 현재 크기보다 커지고 0보다 작은 수(- 사용)를 입력하면 현재 크기보다 작아집니다

100보다 큰 수를 입력하면 크기가 커지고, 100보다 작은 수를 입력하면 작아집니다. 100%일 때 스프라이트의 원래 크기입니다

<크기가 150%일 때>   <크기가 100%일 때>   <크기가 50%일 때>

② 보이게 하거나 숨기기

무대에서 스프라이트를 감추려면 숨기기 블록을 사용합니다. 스프라이트를 다시 무대에 보이고 싶을 때에는 보이기 블록을 사용합니다.

이 코드를 실행하면 무대에 스프라이트가 사라졌다가 5초 뒤에 나타납니다

02 스프라이트나 배경에 그래픽 효과를 주어요

스프라이트나 배경의 색을 바꿀 수도 있고, 모양을 변형할 수도 있습니다. 스프라이트에 모자이크 효과를
줄 수도 있고, 투명하게 만들 수도 있습니다.

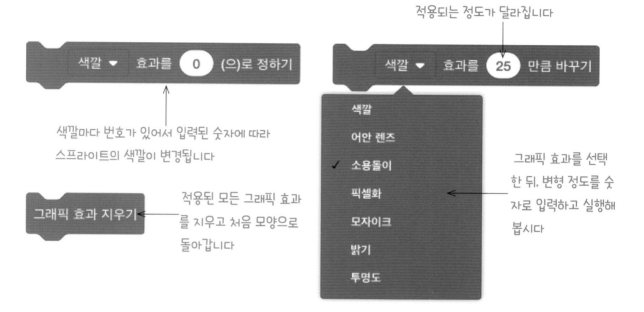

입력된 수에 따라 그래픽 효과가
적용되는 정도가 달라집니다

색깔마다 번호가 있어서 입력된 숫자에 따라
스프라이트의 색깔이 변경됩니다

그래픽 효과를 선택
한 뒤, 변형 정도를 숫
자로 입력하고 실행해
봅시다

적용된 모든 그래픽 효과
를 지우고 처음 모양으로
돌아갑니다

03 모양이나 배경을 바꿔요

두 가지 이상의 모양을 가지고 있는 스프라이트가 있습니다. 모양 바꾸기 블록들을 사용해 스프라이트를
좀 더 다양한 모습으로 동작하게 만들 수 있습니다. 배경이 2개 이상일 때도 모양 바꾸기 블록들과 마찬가
지로 배경 바꾸기 블록을 사용해 상황에 따라 무대에 다른 배경이 보일 수 있도록 만들 수 있습니다.

1 스프라이트 모양 바꾸기

모양을 ~(으)로 바꾸기 블록을 사용하면 스프라이
트는 선택한 모양으로 변경됩니다. **다음 모양으로
바꾸기** 블록을 사용하면 현재 모양의 다음 순서에
있는 모양으로 변경됩니다.

2 무대의 배경 바꾸기

무대의 배경을 2개 이상 추가하였다면 모양을 바꾸
듯 배경도 블록을 사용하여 변경할 수 있습니다. **배
경을 ~(으)로 바꾸기** 블록을 사용하면 무대는 선택
한 배경으로 변경됩니다. **다음 배경으로 바꾸기** 블
록을 사용하면 다음 순서에 있는 배경으로 변경됩
니다.

모양 탭에서 모양을
볼 수 있습니다

스프라이트 모양을 선택

배경 탭에서 배경을
볼 수 있습니다

무대 배경을 선택

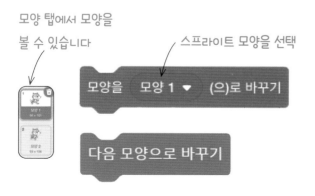

스프라이트가 소리를 내요

소리 그룹의 블록을 사용하여 스프라이트나 배경에 효과음을 설정할 수 있습니다. 스크래치 저장소에 있는 소리 파일을 사용할 수 있고 새로운 소리를 녹음하여 사용할 수도 있습니다. 그리고 확장 기능 고르기에서 음악 블록들을 추가해 봅시다. 다양한 악기를 사용하여 연주할 수도 있습니다.

01 소리를 재생해요

[소리] 탭을 클릭해 보면 몇몇 스프라이트는 각자의 소리를 가지고 있습니다. [소리] 탭을 클릭하면 왼쪽 하단에는 스피커 모양의 소리 고르기 버튼이 있습니다. 이 버튼을 클릭하면 스크래치에 저장된 소리나 내 컴퓨터에 저장된 소리를 불러와 사용할 수 있고, 스크래치에 직접 녹음한 소리를 사용할 수도 있습니다.

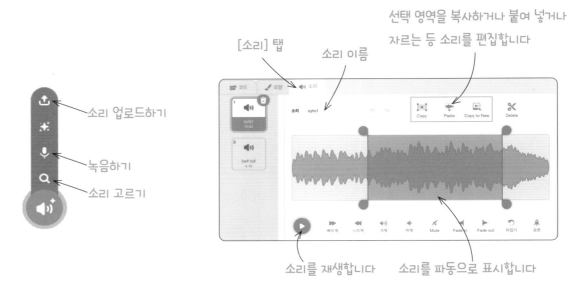

① 소리를 여러 방법으로 재생하기

스크래치에서 소리를 재생하는 블록에는 ~ 재생하기와 ~ 끝까지 재생하기가 있습니다. ~ 끝까지 재생하기 블록을 사용하면 프로그램의 실행이 끝날 때까지 소리를 재생합니다. ~ 재생하기 블록을 사용하면 프로그램이 실행되는 내내 소리는 한 번만 재생됩니다.

② 음량 조절하기

소리의 크기를 조절하는 명령 블록이 있습니다. **음량을 ~만큼 바꾸기** 블록은 현재 재생되는 소리 크기를 입력한 숫자만큼 변하게 할 수 있습니다. **음량을 ~%로 정하기** 블록은 원래 소리 크기에 비례하여 소리 크기를 변하게 할 수 있습니다.

값이 양수(+)이면 소리가 커지고 음수(-)이면 소리가 작아집니다

100이 가장 큰 음량이고, 0에서는 소리가 나지 않습니다

③ 소리를 끄거나 무대에 음량을 표시하기

모든 소리 끄기 블록을 사용하면 재생되고 있는 모든 소리를 멈출 수 있습니다. **음량** 블록을 사용하면 음량 무대에 볼륨을 표시할 수 있습니다.

이 체크 박스를 클릭하면 스프라이트의 음량이 무대에 표시됩니다

02 음악을 연주해요

스크래치에서는 9개의 블록 그룹 외에 필요한 블록들을 더 추가하여 사용할 수 있습니다. 음악 블록들을 추가하여 다양한 악기로 오케스트라 연주를 할 수도 있고, 직접 작곡을 할 수도 있습니다.

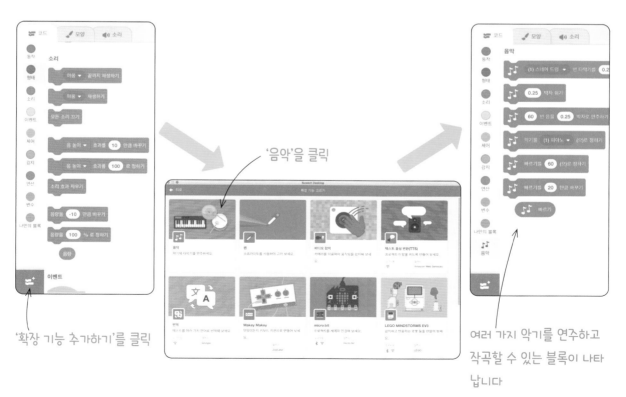

'음악'을 클릭

'확장 기능 추가하기'를 클릭

여러 가지 악기를 연주하고 작곡할 수 있는 블록이 나타납니다

1 피아노 연주하기

~번 음을 …박자로 연주하기 블록은 정해진 계이름 번호와 박자에 따라 연주하는 블록입니다.

클릭하면 그 음에 해당하는
건반의 위치가 나타납니다

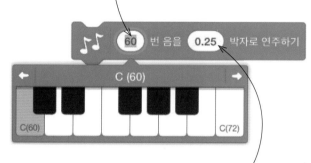

1박자를 기준으로 이 숫자가 높을수록 음이 길어지고 낮을수록 소리가 짧아집니다

입력한 숫자만큼의 박자를 쉽니다

이 숫자가 높을수록 빨라지고 낮을수록 느려집니다

빠르기를 60 (으)로 정하기

빠르기를 100 만큼 바꾸기

입력한 숫자만큼 빠르기가 빨라지거나 느려집니다

② 키보드로 악기 연주하기

키보드의 특정 키를 누를 때 소리가 나도록 코드를 만들어 봅시다. 키마다 각각 소리를 정해 피아노를 치듯이 연주를 할 수 있습니다. 다음과 같이 키와 악기, 계이름이 정해진 블록들을 연결하여 키보드로 연주해 봅시다. 이때, 키보드를 누를 때마다 스프라이트가 해당 키의 계이름을 말하도록 코드를 만들어 봅시다.

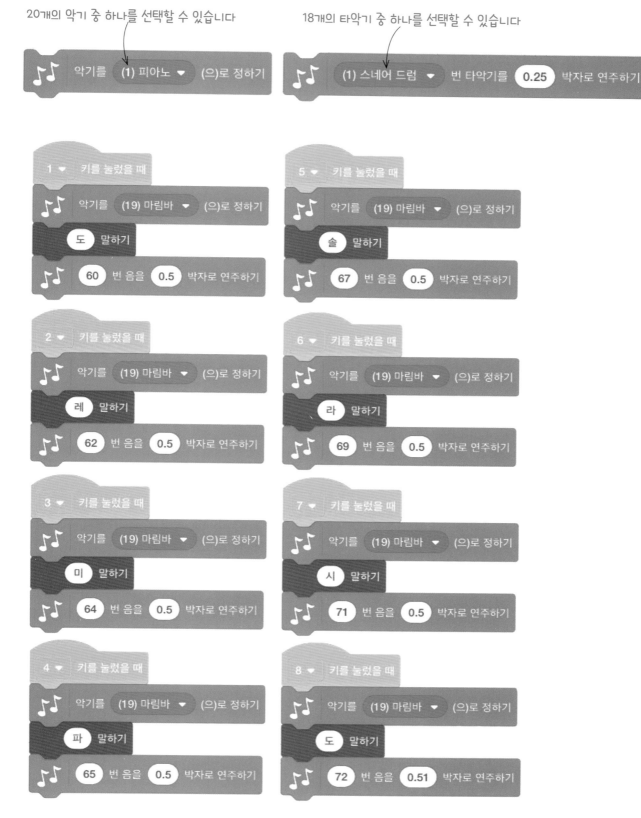

명령을 반복하고 싶다면?

동작 그룹의 명령 블록들에 대해 알아보았을 때 우리는 제어 그룹의 무한 반복하기 블록을 사용하면 어떻게 스프라이트가 동작하는지를 살펴보았습니다. 반복하기 블록은 어떤 명령을 반복적으로 실행하고자 할 때 그 명령을 여러 번 작성하지 않고도 반복할 수 있도록 만들어 줍니다.

01 끝없이 계속 반복해요

무한 반복하기 블록 안에 어떤 명령 블록을 연결하면 그 블록의 명령을 계속해서 반복 실행해요. 오른쪽과 같이 **무한 반복하기** 블록에 들어갈 수 있는 명령 블록 모양이 정해져 있습니다. **무한 반복하기** 블록 안에 2개 이상의 다른 명령 블록들이 있다면 순서대로 실행하여 가장 아래 블록까지 실행된 뒤, 다시 첫 블록으로 돌아가서 실행됩니다.

이 블록 안에 놓여 있는 명령 블록이 계속 실행됩니다

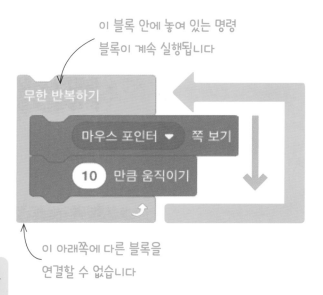

이 아래쪽에 다른 블록을 연결할 수 없습니다

프로그램에서 명령이 반복되는 것을 알고리즘에서는 '반복구조'라 합니다.

02 정해진 횟수만큼 반복해요

~번 반복하기 블록을 사용하면 입력된 횟수만큼 블록 안 다른 명령 블록들을 반복 실행합니다. 저장소에서 'Strawberry' 스프라이트를 불러와 오른쪽과 같이 코드를 만들어 봅시다. 코드를 실행하여 프로그램을 확인해 봅시다.

5를 입력하여 명령 블록을 5회 반복 실행합니다

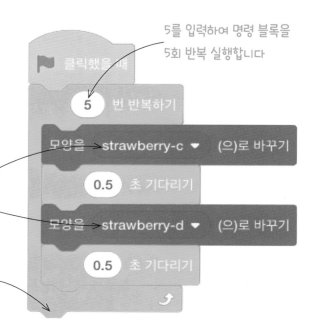

해당 모양을 선택

이 블록 아래에는 다른 블록을 연결할 수 있습니다.

03 반복 안에 반복

반복 명령 안에 또 다른 반복 명령을 넣을 수 있습니다.
다음 스크래치 코드를 살펴봅시다. **무한 반복하기** 블록 안에 **~번 반복하기** 블록이 연결되어 있습니다.
'Strawberry' 스프라이트가 말을 하고 모양을 계속 바꾸고, 오른쪽으로 걸어갑니다. 그리고 다시 말을 하고
모양을 바꾸고 오른쪽으로 걸어갑니다. 정지 버튼을 누르지 않는 한 스프라이트는 계속 반복합니다. 이와
같이 프로그램에서 반복 명령 안에 또 다른 반복 명령 넣은 것을 이중 구조 또는 중첩 구조라고 합니다.

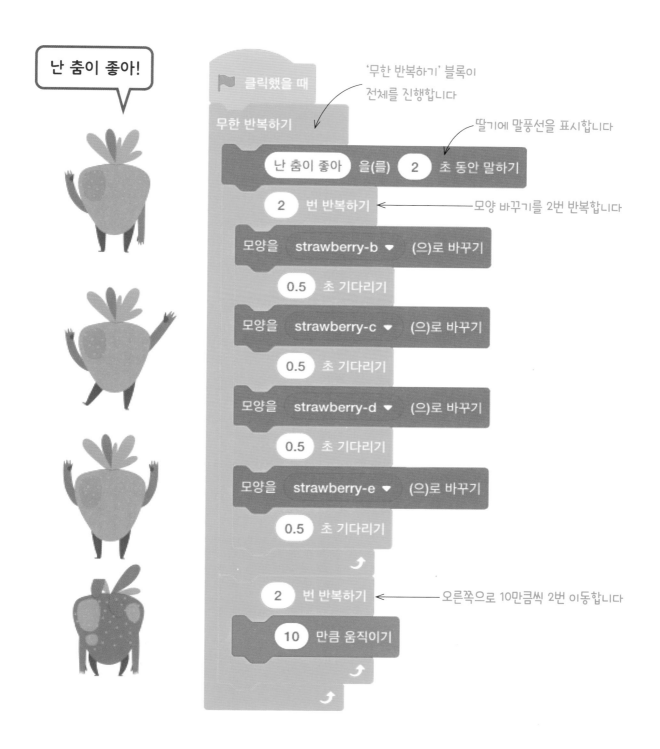

신호를 주고 받아요

2개 이상의 스프라이트끼리 서로 메시지 신호를 주고받으며 그 신호로 코드를 실행할 수 있습니다. 이벤트 그룹에서 신호와 관련된 블록들을 활용하여 이야기가 있는 스크래치 프로그램을 만들어 봅시다.

01 메시지 신호 주고받기

이벤트 그룹에 있는 **메시지 신호 보내기** 블록은 스프라이트끼리 신호를 주고받을 때 사용합니다. 잘 사용하면 스프라이트끼리 상호작용하며 움직이도록 할 수 있습니다.

1 메시지 신호를 주고받는 블록

메시지 1 신호 보내기 블록은 모든 스프라이트에 정해진 메시지를 보낼 수 있는 블록입니다. 메시지 1 신호를 받았을 때 블록은 메시지 1 신호 보내기 블록을 통해 보내진 신호를 받아 블록 아래에 있는 코드를 실행시킵니다. 설명한 두 블록을 활용해 아래 개구리와 메뚜기 코드를 만들어 보고 프로그램을 실행해 봅시다.

여기를 클릭해 메시지 이름을 정할 수 있습니다

개구리가 나타났다! 조심해요!
저장소에서 개구리와 메뚜기 모양의 스프라이트를 선택합니다. 개구리가 무대에 등장하면 메시지를 보내고, 그 메시지를 받은 메뚜기가 개구리로부터 멀리 도망가도록 코드를 만들어 봅시다.

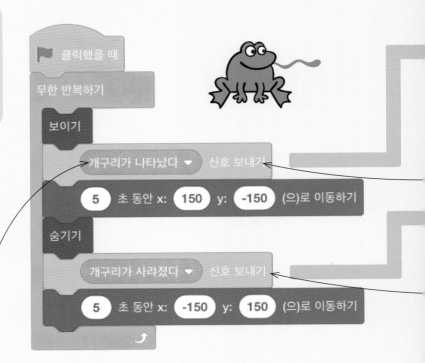

클릭하여 '새로운 메시지'를 선택하면
메시지 이름을 새로 만들 수 있습니다

2 메시지 신호를 보내고 기다리는 블록

메시지 신호 보내고 기다리기 블록이 신호를 보내고 그 신호를 받은 다른 코드들이 동작을 마칠 때까지 **메시지 신호 보내고 기다리기 블록 아래에 연결된 블록들은 실행하지 않고 기다립니다.**

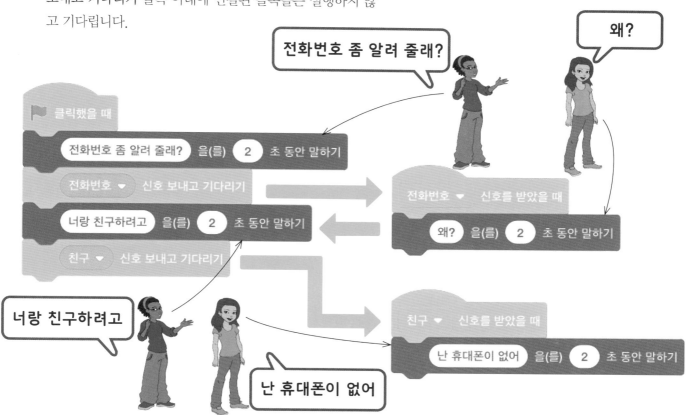

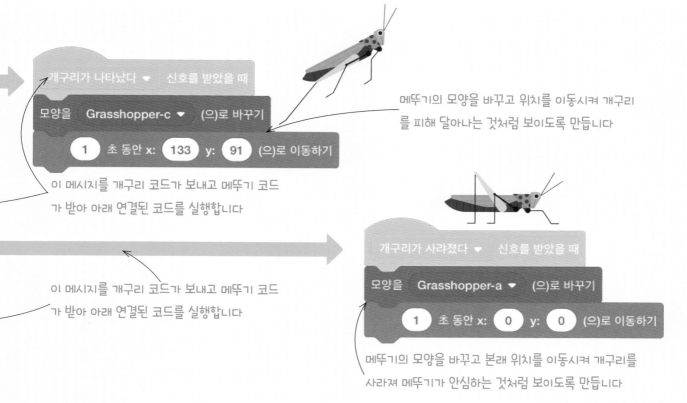

메뚜기의 모양을 바꾸고 위치를 이동시켜 개구리를 피해 달아나는 것처럼 보이도록 만듭니다

이 메시지를 개구리 코드가 보내고 메뚜기 코드가 받아 아래 연결된 코드를 실행합니다

이 메시지를 개구리 코드가 보내고 메뚜기 코드가 받아 아래 연결된 코드를 실행합니다

메뚜기의 모양을 바꾸고 본래 위치를 이동시켜 개구리를 사라져 메뚜기가 안심하는 것처럼 보이도록 만듭니다

조건에 따라 명령을 실행해요

조건의 참 또는 거짓에 따라 서로 다른 명령을 수행하는 구조를 알고리즘에서는 '선택구조'라 합니다. 컴퓨터 프로그램에서는 조건에 따라 명령을 실행할 것인지 실행하지 않을 것인지를 판단하여 동작합니다. 스크래치에서도 이러한 선택구조를 구현할 수 있는 2개의 명령 블록이 있습니다. 주어진 조건에 따라 다른 명령을 실행하는 명령 블록에 대해 알아봅시다.

01 조건에 따라 명령을 실행하는 블록

만약 〈 〉(이)라면 블록에서 〈 〉 안에 조건이 들어가야 합니다. 이 조건에 따라 그 다음 실행될 명령 블록이 달라집니다. 오른쪽 그림과 같이 조건에 대한 답이 참(예 / Yes / True)일 때 실행되는 명령과 조건에 대한 답이 거짓(아니오 / No / False)일 때 실행되는 명령이 다릅니다.

조건 자리에는 질문을 담고 있는 **감지** 블록과 비교나 논리 연산을 담고 있는 **연산** 블록을 연결할 수 있습니다.

1 만약 ～(이)라면 블록

육각형 안에 있는 조건이 참일 때, 이 블록 안에 있는 명령 블록이 실행됩니다. 참이 아니라면 어떤 실행도 일어나지 않고 이 블록 아래에 연결된 다른 명령 블록이 실행됩니다.

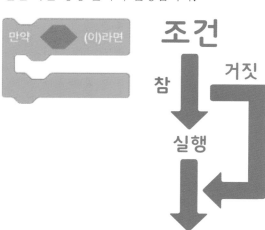

2 만약 ～(이)라면 아니면 … 블록

육각형 안에 있는 조건이 참일 때 '만약 ～(이)라면' 아래의 명령 블록이 실행되고 조건이 거짓일 때 '아니면' 아래의 명령 블록이 실행됩니다.

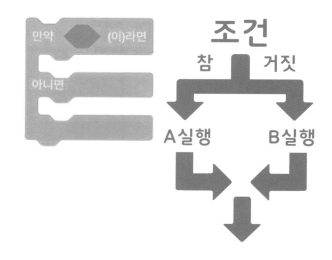

02 조건을 정하는 블록

① 물어보고 대답하는 **감지 블록**

~라고 묻고 기다리기 블록은 프로그램 사용자에게 질문할 때 사용합니다. 스프라이트를 통해 질문을 하고 질문에 대한 대답을 입력 받을 수 있는 창이 등장합니다.
입력 받은 대답은 **대답** 블록에 저장됩니다.

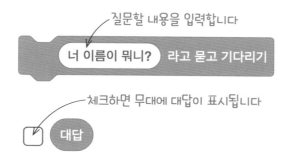

질문할 내용을 입력합니다
너 이름이 뭐니? 라고 묻고 기다리기

체크하면 무대에 대답이 표시됩니다
대답

② 맞았을까? 틀렸을까? **연산 블록**

연산 그룹의 블록들 중 비교 연산 블록은 어떤 값이 더 큰지 작은지를 판단하거나 비교하는 값이 서로 같은지를 판단할 수 있습니다.
뒤에서 연산 블록을 더 자세히 알아봅시다.

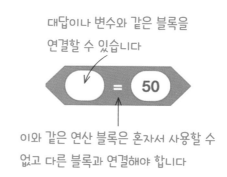

대답이나 변수와 같은 블록을 연결할 수 있습니다
( ) = 50

이와 같은 연산 블록은 혼자서 사용할 수 없고 다른 블록과 연결해야 합니다

03 조건 블록으로 간단한 코딩에 도전해요

다음과 같이 스크래치 프로그램을 만들어 봅시다. 고양이 스프라이트가 질문하고 그에 대한 대답에 따라 이어지는 동작이 어떤지 확인해 봅시다.

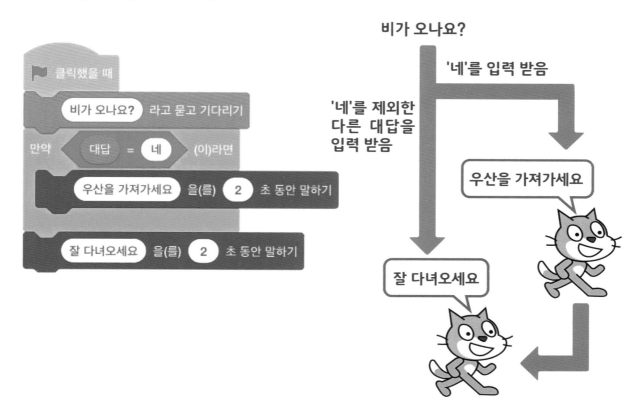

조건에 따라 반복을 실행해요

앞서 명령을 무한 반복하거나 정해진 횟수만큼 반복하는 코드를 만들어 보았습니다. 반복과 관련된 블록 중에서는 횟수가 아닌 조건에 따라 반복 명령을 결정하는 블록도 있습니다. 이 블록은 조건이 참이 될 때까지 명령을 실행합니다. 이 같은 블록은 스크래치에서 어떻게 사용하는지 살펴봅시다.

01 조건에 따라 반복하는 블록

~까지 반복하기 블록은 육각형 안에 있는 조건에 대한 답이 참(예 / Yes / True)이 될 때까지 이 블록 안에 있는 블록을 반복하여 실행합니다. 조건 자리에는 **감지** 블록 또는 **연산** 블록을 연결할 수 있습니다.

1 조건 자리에 들어가는 **감지** 블록

다음은 감지 그룹의 블록입니다. 무대에서 특정 물체를 감지하거나 입력 장치(키보드, 마우스 등)로부터 입력을 감지하여 참 값을 전달합니다. 이 블록으로부터 참 값을 전달받을 때까지 ~까지 **반복하기** 블록은 안에 있는 명령 블록을 반복 실행합니다.

여기를 클릭하여 다른 스프라이트나 벽, 마우스 포인터 등을 선택하고 이것에 닿았을 때, 참 값을 전달

키보드에서 특정 키를 눌렀을 때, 참 값을 전달

2 간단한 코딩에 도전해요

다음과 같이 코드를 만들어 봅시다. 스프라이트 2개를 선택하고 어떻게 반복이 실행되는지 확인해 봅시다.

<Cat 스프라이트의 코드>
이 블록을 연결해 'Cat'이 거꾸로 서서 움직이지 않도록 합니다

'Cat Flying'을 선택

<Cat Flying 스프라이트의 코드>
이 블록을 'Cat Flying'이 무대 위에서 랜덤 위치로 이동합니다.

'스프라이트 1'(또는 'Cat')을 선택

02 코드 실행을 멈추는 블록

제어 그룹에는 코드의 실행을 멈추게 하거나 코드의 실행을 잠시 기다리게 할 수 있는 멈추기 블록과 기다리기 블록이 있습니다.

1 멈추기 블록

펼침 메뉴에서 실행을 멈추게 할 코드의 범위를 설정할 수 있습니다. '모두'를 선택하면 현재 실행되고 있는 모든 스프라이트의 코드들이 실행을 멈춥니다. '이 스크립트'를 선택하면 멈추기 블록이 연결된 코드의 실행만 멈춥니다. '이 스프라이트에 있는 다른 스크립트'를 선택하면 같은 스프라이트에 있는 다른 코드의 실행만 멈춥니다.

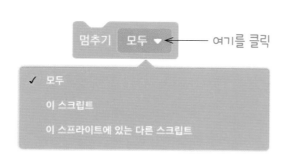

여기를 클릭

앞 페이지에서 만든 'Cat Flying' 코드에 멈추기 블록을 연결하고 어떻게 실행되는지 확인해 봅시다

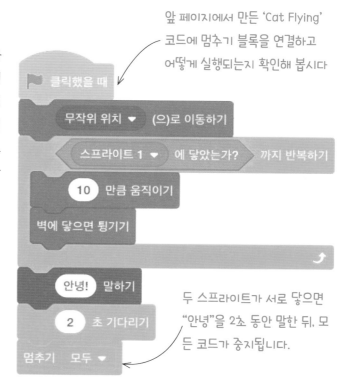

두 스프라이트가 서로 닿으면 "안녕"을 2초 동안 말한 뒤, 모든 코드가 중지됩니다.

2 기다리기 블록

제어 그룹의 기다리기 블록은 2개 있습니다. ~초 기다리기 블록은 다음 블록이 실행되기 전까지 입력한 시간만큼 기다리도록 명령합니다. ~까지 기다리기 블록은 육각형 안에 있는 조건이 참일 때까지 다음 블록을 실행하지 않고 기다리도록 명령합니다.

오른쪽과 같이 코드를 만들어 봅시다. ~까지 기다리기 블록을 연결하고 코드가 어떻게 실행되는지 확인해 봅시다.

입력한 시간만큼 다음 블록의 실행을 기다립니다

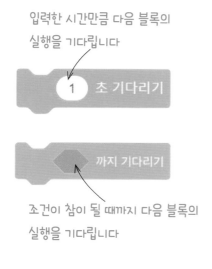

조건이 참이 될 때까지 다음 블록의 실행을 기다립니다

마우스를 클릭할 때까지 기다렸다가 클릭을 입력 받으면 다음 명령을 실행합니다

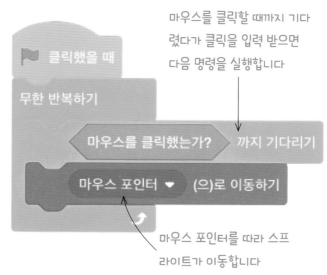

마우스 포인터를 따라 스프라이트가 이동합니다

계산을 할 수 있어요

스크래치를 통해 더하기, 빼기, 곱하기, 나누기와 같은 산술 연산뿐만 아니라 '크다', '작다', '같다'와 같은 비교 연산, '그리고', '또는'과 같은 논리 연산, 난수 생성 등 다양한 연산을 수행할 수 있습니다. 여러 연산 블록들을 조합하여 프로그램을 만들어 봅시다.

01 사칙 연산을 하는 블록

다음 4개의 **연산** 블록을 사용해 더하기, 빼기, 곱하기, 나누기와 같은 산술 연산을 할 수 있습니다. 연산 블록을 다른 블록과 조합하면 연산 블록을 통해 계산된 결과를 활용할 수 있습니다.

(7 + 22) 입력된 2개의 수를 더할 수 있습니다.

(32 - 18) 입력된 2개의 수를 뺄 수 있습니다.

(2 × 5) 입력된 2개의 수를 곱할 수 있습니다.

(50 ÷ 5) 입력된 2개의 수를 나눌 수 있습니다.

① 연산 결과 표시하기

다음과 같이 **말하기** 블록 안에 '+' 블록을 넣어 봅시다. 이 블록을 실행하면 무대에서 스프라이트를 통해 3과 7을 더한 결과 값을 알려줍니다.

다른 블록 안에 연산 블록을 넣을 때
빈칸 주위가 하이라이트 됩니다

② 연산 블록 안에 또 다른 연산 블록 넣기

스크래치에서는 연산 블록 안에 또 다른 연산 블록을 넣어 좀 더 복잡한 계산을 할 수 있습니다. 수학에서도 괄호로 묶어 연산의 우선 순위를 정하듯이 아래 코드처럼 여러 연산 블록들을 연결하면 내가 원하는 순서대로 연산을 수행하고 결과 값을 얻어낼 수 있습니다.

수학에서는 이와 같은 식을 사용

$$\{ (50 ÷ 5) × (32-18) \} + 22$$

위 식을 스크래치 블록으로
만들었을 때

(50 ÷ 5 × 32 - 18 + 22)

02 난수를 생성하는 블록

난수란 정해진 순서나 규칙이 없는 수를 말합니다. 스크래치에서는 **연산** 그룹의 **~부터 … 사이의 난수** 블록을 사용해 재미있는 프로그램들을 만들 수 있습니다.

~부터 … 사이의 난수 블록을 활용하여 무대에서 스프라이트가 주사위를 굴려 숫자가 나오듯 숫자를 랜덤으로 말하는 프로그램을 만들어 봅시다. 주사위를 던졌을 때 1~6 사이의 난수가 나오므로 아래에 '1'과 '6'을 입력합니다.

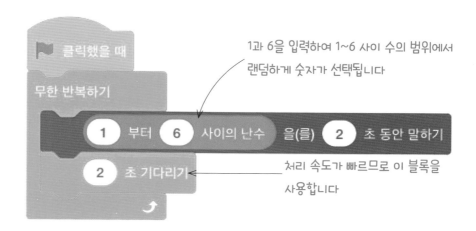

1과 6을 입력하여 1~6 사이 수의 범위에서 랜덤하게 숫자가 선택됩니다

처리 속도가 빠르므로 이 블록을 사용합니다

03 비교나 논리 연산을 하는 블록

두 수의 크기를 비교하는 연산을 비교 연산이라고 합니다. 비교하는 두 수 중 어떤 값이 더 큰지 작은지, 같은지를 판단하여 참인지를 판단하거나 비교하는 두 수가 같은지를 판단하는 연산을 합니다.

논리 연산은 비교하는 두 조건이 모두 참인 경우에만 참으로 판단하거나 비교하는 두 조건 중 하나만 참이어도 참으로 판단하는 연산을 합니다. 두 조건이 모두 참일 때 거짓으로 판단하고, 모두 거짓일 때 참으로 판단하는 연산도 합니다.

1 비교 연산 블록

4보다 7이 크므로 결과는 거짓

4보다 7이 크므로 결과는 참

7과 7은 같으므로 결과는 참

2 논리 연산 블록

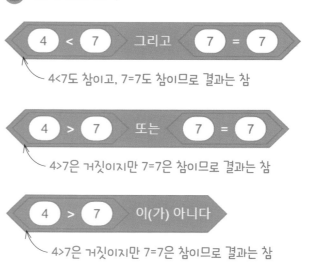

4<7도 참이고, 7=7도 참이므로 결과는 참

4>7은 거짓이지만 7=7은 참이므로 결과는 참

4>7은 거짓이지만 7=7은 참이므로 결과는 참

변수는 정보를 담아두는 상자

변수란 프로그램에서 처리해야 하거나 처리한 숫자나 문자를 잠시 저장하는 공간이라 할 수 있습니다. 변수에 저장된 값은 언제든 필요할 때마다 코드에 활용할 수 있습니다. 상황에 따라 변수에 저장된 값은 변할 수 있습니다. 컴퓨터 게임에서 내가 획득한 점수가 저장되는 장소가 바로 변수라고 할 수 있습니다. 점수는 이전 점수에 더해져 계속 변하고, 이 점수에 따라 게임에서 다른 상황이 펼쳐지기도 합니다.

01 변수 블록을 만들어 보아요

변수 그룹에서 새로운 변수를 만들 수 있습니다. 새로운 변수를 만들면 변수와 관련된 블록도 만들어집니다. 순서대로 따라하며 스크래치에서 변수를 만들어 봅시다.

1 변수 만들기

변수 그룹을 클릭한 뒤, '변수 만들기' 버튼을 클릭합니다.

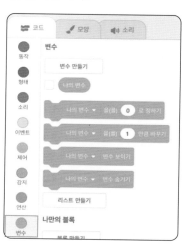

2 새로운 변수 이름 정하기

변수에 저장할 내용을 단번에 알 수 있는 단어로 이름을 정합니다.

여기에 이름을 입력

이 변수를 프로그램에 사용된 모든 스프라이트 또는 이 스프라이트에만 사용할지를 선택

3 변수 블록 확인하기

변수를 만들면 변수와 관련된 새로운 블록들이 나타납니다. 변수를 여러 개 만들게 되면 블록마다 어떤 변수를 사용할 것 선택할 수 있습니다.

선택한 변수가 무대에서 보이도록 합니다

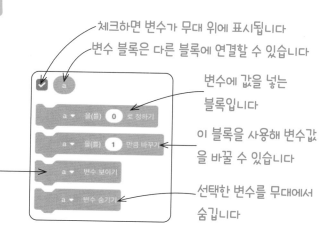

체크하면 변수가 무대 위에 표시됩니다
변수 블록은 다른 블록에 연결할 수 있습니다

변수에 값을 넣는 블록입니다

이 블록을 사용해 변수값을 바꿀 수 있습니다

선택한 변수를 무대에서 숨깁니다

02 변수 블록으로 간단한 코딩을 해요

다음과 같이 스크래치 프로그램을 만들어 봅시다. 변수를 2개 만들어 각각 숫자를 저장하고 이를 활용해
간단한 연산을 할 수 있습니다.

1 숫자를 저장할 변수 2개를 만들기

'변수 만들기' 버튼을 클릭해서 'a'와 'b'라는 변
수를 만듭니다.

변수는 여러 개 만들어서
사용할 수 있습니다.

2 변수에 숫자를 저장하기

변수를 ~로 정하기 블록을 사용하여 변수 a와 b에 각
각 1이 저장됩니다. a, b **변수** 블록은 '+' 블록과 '×'
블록에 다음과 같이 연결할 수 있습니다. 생각하기 블
록을 통해 연산 결과값을 무대에 표시합니다.

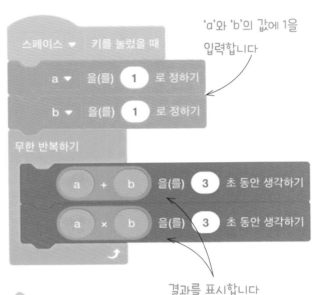

'a'와 'b'의 값에 1을
입력합니다

결과를 표시합니다

3 변수 값 변경하기

변수를 ~만큼 바꾸기 블록을 사용하면 이 블록
에 입력된 수만큼 변수에 저장된 값이 변경되어
다시 해당 변수에 저장됩니다.

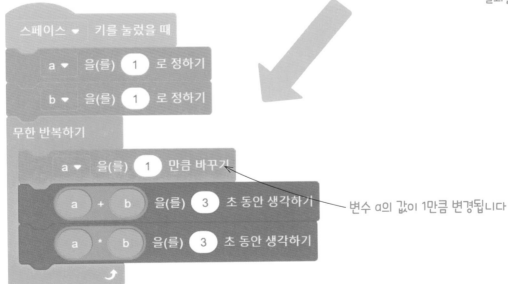

변수 a의 값이 1만큼 변경됩니다

변수를 삭제하고 싶다면 변수 블록 위에서 마우스
오른쪽 버튼을 클릭합니다. 표시된 메뉴에서 '변
수 삭제하기'를 선택합니다. 변수를 삭제하면 변
수에 저장된 값도 사라집니다.

변수로 복잡한 연산하기

복잡한 연산을 하는 프로그램을 만들 때 변수를 사용하면 매우 편리할 뿐더러 코드가 보다 간단해집니다. 변수를 사용할 때와 그렇지 않을 때 모두 결과값은 같지만 프로그래밍 과정에 있어서 연산할 숫자를 변경하거나 연산할 수가 3.1415926와 같이 복잡할 때 변수를 사용하면 입력의 오류가 발생할 확률을 줄어듭니다. 조건으로 사용되는 연산 블록과 변수 블록을 조합하여 프로그램을 만들어 봅시다.

01 변수 블록을 활용한 사칙연산

다음과 같이 스크래치 프로그램을 만들어 봅시다. 이 프로그램은 스프라이트가 프로그램 사용자에게 구구단에서 몇 단을 알고 싶은지를 질문하고 그 대답으로 숫자를 입력 받습니다. 그 다음, 입력 받은 숫자와 변수에 저장된 수를 곱한 값을 스프라이트가 무대에서 말합니다.

'수' 변수에는 1부터 시작하여 계속 1만큼씩 더해진 값이 저장됩니다. 이와 같이 '수' 변수 블록과 '×' 블록을 연결하여 프로그램을 만들어 봅시다.

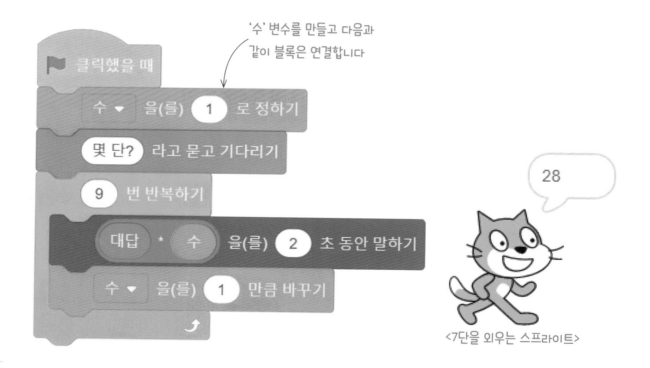

<7단을 외우는 스프라이트>

02 변수 블록을 활용한 비교 · 논리 연산

조건으로 사용되는 연산 블록으로 비교와 논리 연산 블록이 있습니다. 앞에서 살펴보았던 비교 연산 블록과 논리 연산 블록을 변수 블록과 연결하여 코드에서 어떻게 활용되는지 알아봅시다.

'나이' 변수를 만들어 초기 값을 정하고 다음에 나올 연산 블록들과 조합했을 때 어떤 결과를 나타내는지 살펴봅시다.

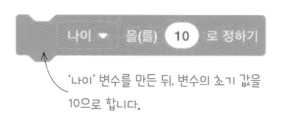

'나이' 변수를 만든 뒤, 변수의 초기 값을 10으로 합니다.

① 변수 블록을 활용한 **비교** 연산

비교 연산 블록 안에 변수를 넣어 숫자나 문자열을 비교할 수 있습니다. 다음의 코드와 같이 '나이'라는 변수에 값으로 저장하고 비교 연산과 변수 블록을 연결하여 참 또는 거짓을 판단할 수 있습니다.

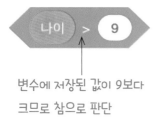

변수에 저장된 값이 9보다 크므로 참으로 판단

변수에 저장된 값이 9보다 작지 않으므로 거짓으로 판단

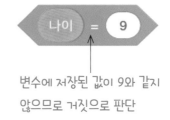

변수에 저장된 값이 9와 같지 않으므로 거짓으로 판단

② 변수 블록을 활용한 **논리** 연산

논리 연산은 비교하는 두 조건이 모두 참인 경우에만 참으로 판단하거나 비교하는 두 조건 중 하나만 참이어도 참으로 판단하는 연산을 합니다. 다음과 같이 코드를 만들었을 때 참 또는 거짓을 어떻게 판단하는지 확인해 봅시다.

양쪽의 비교식 모두 참이므로 참으로 판단

왼쪽의 비교식만 참이어도 참으로 판단

③ 변수 블록을 활용한 **아니다** 연산

논리 연산 블록 중에는 ~이(가) 아니다 블록이 있는데, 이 블록은 두 조건이 모두 참일 때 거짓으로 판단하고, 모두 거짓일 때 참으로 판단합니다. 다음과 같이 코드를 만들었을 때 참 또는 거짓을 어떻게 판단하는지 확인해 봅시다.

변수에 저장된 값이 12와 같지 않으므로 거짓

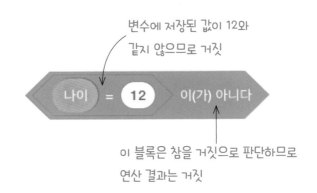

이 블록은 참을 거짓으로 판단하므로 연산 결과는 거짓

무대 위에 그림을 그려요

펜 블록을 사용하면 스프라이트는 무대에서 다양한 그림을 그릴 수 있습니다. 펜 그룹에는 총 9개의 블록이 있습니다. 펜 블록을 사용해 스프라이트가 이동하는 경로를 선으로 나타낼 수 있습니다. 음악 블록을 추가하는 방법과 마찬가지로 '확장 기능 추가하기'에서 펜 블록을 추가하고, 펜 블록들을 활용해 간단한 코딩 프로그램을 만들어 봅시다.

01 스프라이트가 그림을 그려요

확장 기능 추가하기를 클릭해 **펜** 기능을 선택하면 오른쪽과 같이 블록이 나타납니다. 스프라이트가 무대에서 그림을 그리기 위해 반드시 사용해야 하는 블록에 대해 알아봅시다.

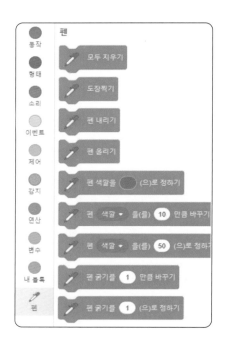

① 그림 그릴 준비하기

펜 내리기 블록을 사용하면 스프라이트가 펜이 되어 이동하는 경로를 따라 그림을 그릴 수 있습니다. **펜 올리기** 블록을 사용하면 스프라이트가 펜을 올려 더 이상 그림을 그리지 못합니다. **모두 지우기** 블록을 사용하면 무대 위에 그려진 펜이나 도장 등의 흔적들을 모두 지울 수 있습니다.

② 간단한 코딩에 도전해요

다음과 같이 코드를 만들어 봅시다. 스프라이트를 클릭하면 스프라이트가 그림을 그리기 시작합니다. 시작 위치에서 (x: 100, y: 0) 위치까지는 이동 경로를 따라 그림을 그리지만 (x: 100, y: 0)부터 (x: 200, y: 0) 위치까지는 이동만 할 뿐 그림을 그리지 않습니다. 그리고 (x: 200, y: 0) 위치에 도착하면 무대 위 그림은 모두 지워집니다.

02 펜 색깔과 굵기를 선택할 수 있어요

스크래치에서는 무대에 사용되는 펜의 색도 변경할 수 있습니다. 직접 색을 선택하거나 수를 입력해 색을 선택하거나 채도나 명도 등을 조절할 수도 있습니다. 또한 펜의 굵기도 선택하거나 변경할 수 있습니다.

① 펜의 색 바꾸기

펜 색깔을 ~(으)로 정하기 블록을 사용하면 스프라이트가 사용할 펜의 색을 정할 수 있습니다. 펜 색깔(을)를 ~(으)로 정하기 블록은 색마다 정해진 값을 입력하여 펜의 색을 정할 수 있습니다. 펜 색깔(을)를 ~만큼 바꾸기 블록은 스프라이트의 펜 색깔을 입력한 수 만큼 조절하여 색깔을 변경할 수 있습니다.

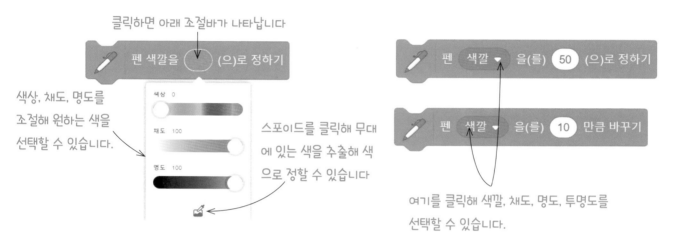

② 펜의 굵기 바꾸기

펜 굵기를 ~만큼 바꾸기 블록은 블록에 입력된 값만큼 펜의 굵기를 변경할 수 있습니다. 펜 굵기를 ~(으)로 정하기 블록은 블록에 입력된 값만큼 펜의 굵기를 정할 수 있습니다.

③ 간단한 코딩에 도전해요

다음과 같이 코드를 만들어 봅시다. 스프라이트가 이동하면서 펜으로 흔적을 남깁니다. 이동하면서 이동 경로를 그리는 펜의 굵기가 점점 굵어집니다. 펜 색깔이나 펜 굵기를 마음대로 조절해 봅시다.

PART 02
스크래치
+과학

```
클릭했을 때
    100 만큼 움직이기
    1 초 기다리기
    10 만큼 움직이기
    1 초 기다리기
    안녕! 을(를) 2 초 동안 말하기
```

달의 공전 궤도는 어떤 모양일까요?

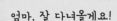

엄마, 오늘 달 여행날이예요. 너무 설레는 거 있죠?

엄마, 잘 다녀올게요!

우주선 티켓은 잘 챙겼니?
먹을 것과 마실 것도 잘 챙겼지?

그래~ 조심히 잘 다녀와!

와~ 저게 태양인가? 엄청 크다! 태양은 노란색이라고 생각했었는데 우주에서 보니 전혀 다른걸???

여러분, 달로 가는 우주 여행에 온 걸 환영해요! 저기 태양을 한번 볼까요? 태양을 보니 백색을 띄죠? 하지만 지구에서는 대기권의 대기 산란 때문에 노란색으로 보입니다.
우리가 살고 있는 지구를 살펴볼까요? 지구는 태양계의 세 번째 행성이에요. 지구는 365일 동안 태양을 한 바퀴 돌아요. 지구 옆에 위성인 달이 있어요. 달은 지구보다 작은데, 지름이 지구의 약 1/4이라고 해요. 달은 약 27.3일에 걸쳐 지구 주위를 한 바퀴 돌아요.

그럼, 여기서 잠깐! 퀴즈를 맞혀 보세요.
1년 간 달을 관찰했을 때, 달의 공전 궤도는 어떤 모습을 하고 있을까요~?

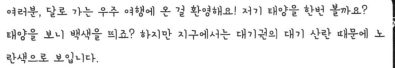

지구와 달의 관계만 생각해서 퀴즈를 풀면 안돼. 지구가 태양을 공전하고 있다는 사실을 함께 고려해야 해. 지구는 태양 주위를 공전하고, 달은 태양 주위를 도는 지구 주위를 돌고…… 으~ 복잡해! 정확히 어떤 모양이 나오는지 너무 궁금해!
컴퓨터로 스크래치 프로그래밍을 해보면 금방 답을 알 수 있을 거야!

MISSION GUIDE

스크래치를 활용해 달이 어떤 모양으로 공전하는지 시뮬레이션 프로그램을 만들어 알아보려고 합니다. 스크래치를 활용한 시뮬레이션 프로그램을 만들기 위해서 무엇이 필요할까요? 어떤 과학적인 지식이 필요할까요? 지금부터 알아봅시다.

01 태양, 지구, 달 스프라이트와 함께 우주 배경을 준비합니다.

▲ 태양(sun.png)　　▲ 지구(earth.png)　　▲ 달(moon.png)　　　　▲ 우주(universe.jpg)

02 태양을 무대에 위치시킵니다.

- 태양계에서는 태양을 중심으로 행성들이 움직입니다. 그러므로 태양은 움직이지 않으므로 프로그램에서도 태양은 무대의 가운데에 위치하도록 설정합니다.

03 지구가 태양을 중심으로 공전하도록 합니다.

- 지구는 반시계 방향으로 하루에 약 1°(360°/365일)씩 이동합니다.
- 달의 공전 궤도를 알기 위한 시뮬레이션 프로그램에서는 지구의 자전은 고려하지 않습니다.

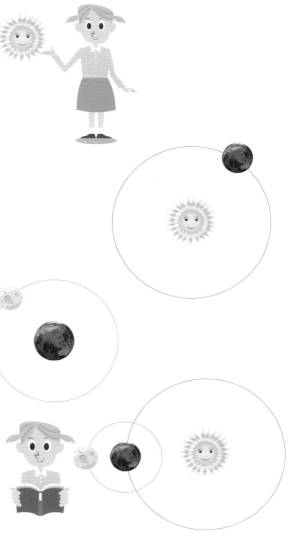

04 달이 지구를 중심으로 공전하도록 합니다.

- 달은 지구를 27.3일에 한 바퀴를 회전합니다. 따라서 지구가 약 1° 공전할 동안 달은 360°/27.3 ≒13° 공전합니다.

05 달의 공전 궤도를 확인합니다.

- 완성한 시뮬레이션 프로그램을 실행하여 달의 공전 궤도가 어떤 모습인지 확인해 봅시다.

MISSION START

01 스프라이트 불러오기

태양이나 **지구**와 같이 스프라이트 저장소에 저장되어 있는 스프라이트는 불러와서 사용할 수 있습니다.
아래 스프라이트 메뉴를 살펴봅시다

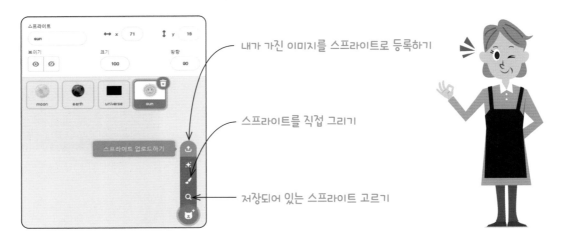

내가 가진 이미지를 스프라이트로 등록하기

스프라이트를 직접 그리기

저장되어 있는 스프라이트 고르기

① **스프라이트 고르기** 버튼을 클릭한 뒤 저장되어 있는 스프라이트를 선택합니다.

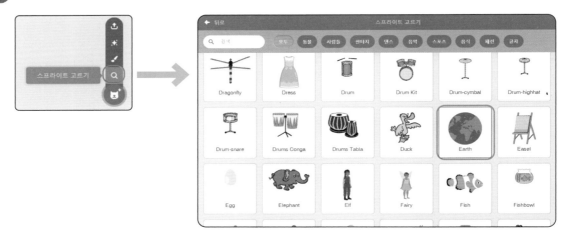

② 선택한 스프라이트가 스프라이트 목록에 표시됩니다.

선택된 스프라이트의 오른쪽
위에 표시된 휴지통 모양의 아
이콘을 클릭하면 스프라이트를
삭제할 수 있습니다.

02 스프라이트 이미지 찾기

달과 같이 저장소에 없어 다운로드 받은 이미지로 대신할 경우 스프라이트는 이미지를 찾아 **스프라이트 업로드하기**를 통해 사용할 수 있습니다. 우리가 만들 프로그램에서는 해와 지구, 달 이미지를 모두 찾아 스프라이트로 사용합니다.

① 무료 이미지 제공 사이트에서 필요한 이미지를 검색합니다.
무료 이미지를 제공하는 다양한 사이트들을 활용해봅시다. 여기에서는 **픽사베이**(https://pixabay.com/) 사이트를 활용합니다.

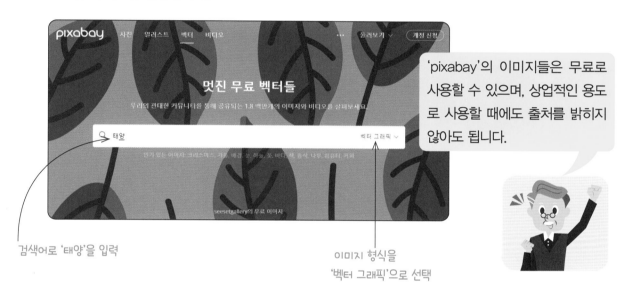

검색어로 '태양'을 입력

이미지 형식을
'벡터 그래픽'으로 선택

'pixabay'의 이미지들은 무료로 사용할 수 있으며, 상업적인 용도로 사용할 때에도 출처를 밝히지 않아도 됩니다.

② **태양**과 관련된 이미지들이 검색 결과로 나타납니다.

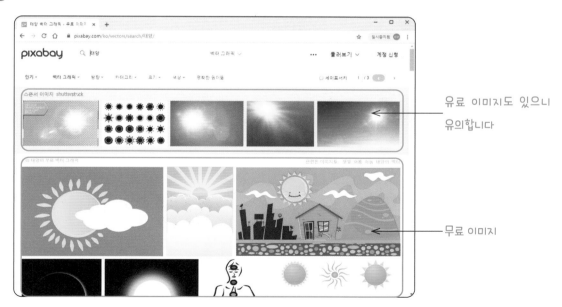

유료 이미지도 있으니
유의합니다

무료 이미지

③ 원하는 **태양** 이미지를 찾아서 선택합니다.

이 책에 있는 이미지와 반드시 같은 이미지를 선택하지 않아도 됩니다. 기존에 가지고 있던 이미지를 사용해도 좋고, 다른 이미지를 더 검색해도 좋습니다.

원하는 이미지를 클릭

④ 이미지를 다운로드합니다.

이미지를 클릭하여 이미지의 형식이 png 파일인지 확인하고 다운로드 합니다.

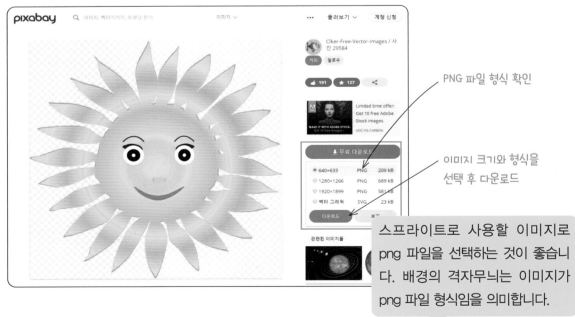

PNG 파일 형식 확인

이미지 크기와 형식을 선택 후 다운로드

스프라이트로 사용할 이미지로 png 파일을 선택하는 것이 좋습니다. 배경의 격자무늬는 이미지가 png 파일 형식임을 의미합니다.

만약 스프라이트 파일 형식이 png가 아니라면?

스크래치에서 스프라이트로 사용할 이미지의 파일 형식은 png가 좋습니다. 왜냐하면 png 파일은 배경이 투명한 색이기 때문입니다. 아래와 같은 png 형식과 png가 아닌 jpg 형식의 태양 이미지를 스프라이트로 등록한다면 무대가 어떻게 보이는지 살펴봅시다. png 형식이 아닌 파일은 배경색이 투명이 아니므로 오른쪽 그림과 같이 보이게 됩니다.

▲ 스프라이트가 png 형식일 때

▲ 스프라이트가 jpg 형식일 때

03 스프라이트 업로드하기

다운로드한 이미지를 스프라이트로 업로드 할 때 다음과 같은 과정을 거칩니다. 앞서 다운로드한 **태양** 스프라이트를 등록해 봅니다.

1 스프라이트 창에서 **스프라이트 업로드하기** 버튼을 클릭합니다.

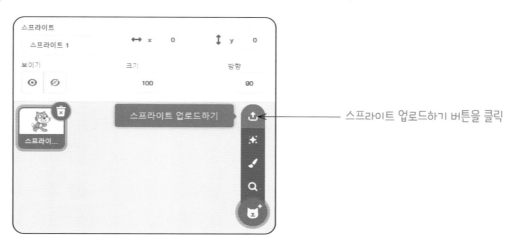

스프라이트 업로드하기 버튼을 클릭

2 다운로드한 **태양** 이미지를 선택합니다.

경로 선택

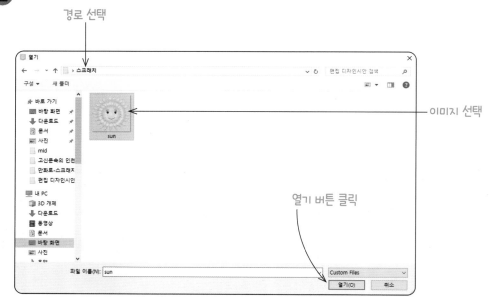

이미지 선택

열기 버튼 클릭

3 스프라이트 목록에 **태양** 이미지가 스프라이트로 추가된 것을 확인할 수 있습니다.

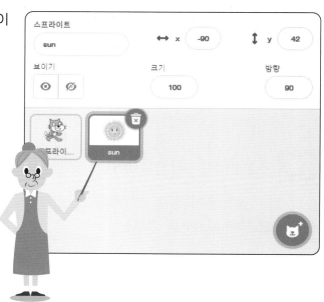

4 같은 방법으로 **달** 이미지와 **지구** 이미지도 스프라이트로 업로드합니다.

지구 스프라이트는 스프라이트 저장소에서 불러와도 됩니다.

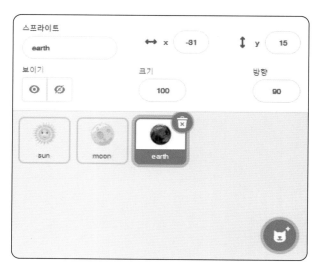

04 스프라이트 수정하기

스프라이트를 업로드하면 무대에 스프라이트가 꽉 찰 정도로 크게 보일 경우가 있습니다. 시뮬레이션 프로그램을 만들기 위해서는 무대에 태양, 지구, 달 스프라이트가 모두 보일 수 있도록 크기를 조절해야 합니다. 이때 '태양 > 지구 > 달' 순서를 고려하며 크기를 조절합니다.

1 스프라이트 목록에서 크기를 변경할 스프라이트를 선택한 뒤, **모양** 탭에서 **벡터로 바꾸기** 버튼을 클릭합니다.

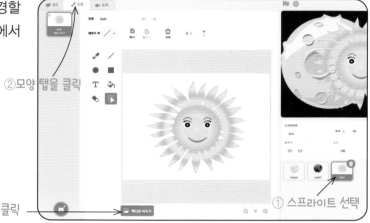

2 스프라이트를 클릭하여 파란색 테두리가 표시되면 모서리의 조절점을 드래그하여 크기를 줄입니다.

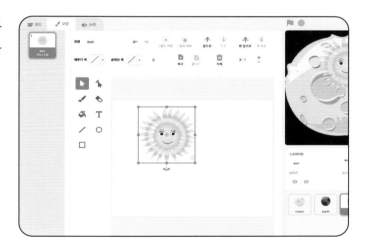

3 크기가 줄어든 이미지를 클릭한 뒤, 스프라이트 가운데에 있는 + 모양을 화면 가운데에 있는 ⊕로 옮깁니다. 마찬가지로 **지구**와 **달** 스프라이트 크기로 줄이고 스프라이트를 무대의 중심으로 이동시킵니다.

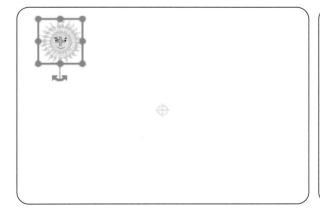

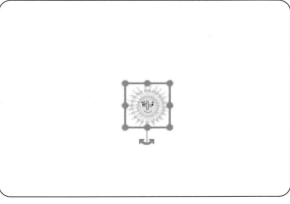

05 배경 이미지 업로드하기

스프라이트를 업로드할 때와 마찬가지로 배경 또한 업로드할 수 있습니다. 픽사베이(https://pixabay.com/)와 같은 사이트에서 **우주** 배경이 될 이미지를 찾아 배경으로 업로드하여 봅시다.

① 무대 창에서 **배경 업로드하기**를 버튼을 클릭합니다.

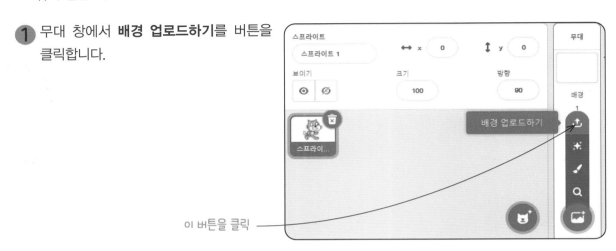

이 버튼을 클릭

② 다운로드한 **우주** 이미지를 선택합니다.

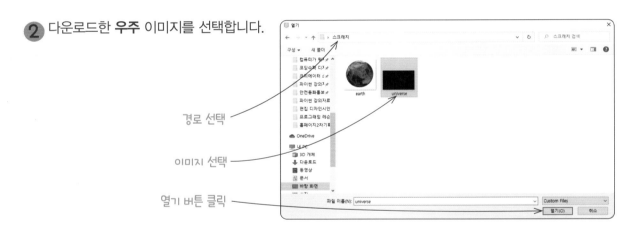

경로 선택

이미지 선택

열기 버튼 클릭

③ 배경 목록에 이미지가 배경으로 추가된 것을 확인할 수 있습니다.

배경 탭에서 배경 수정

06 배경 이미지 수정하기

배경 이미지를 업로드 했는데 이와 같이 크기가 맞지 않아 무대를 꽉 채울 수 없는 경우가 생기기도 합니다. 이럴 때는 어떻게 해결해야 할까요?

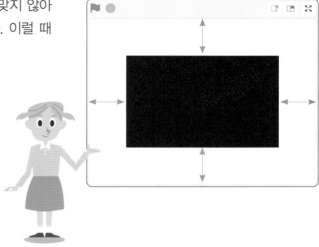

① '선택'을 클릭

1 무대 목록에서 업로드한 배경을 선택하면 왼쪽 상단에 **배경** 탭이 나타납니다. **배경** 탭을 클릭하면 선택된 배경을 편집할 수 있습니다. 배경 크기를 무대 크기에 맞게 조절합니다.

② 모서리 조절점을 클릭하고 드래그

2 **배경** 탭에는 배경이 되는 이미지를 수정할 수 있는 여러 도구들이 있습니다. 이 도구들을 사용해 원하는 형태로 이미지를 수정할 수 있습니다.

붓 : 그림을 그립니다.　　　선 : 직선을 그립니다.

직사각형 : 사각형을 그립니다.

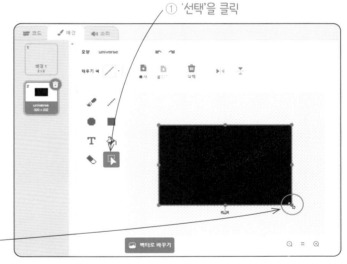

원 : 동그라미를 그립니다.

텍스트 : 글자를 입력합니다.

채우기 색 : 원하는 색으로 채색합니다.

지우개 : 그림을 지웁니다.

선택 : 그림을 선택합니다.

MISSION CODING

01 '태양의 위치'를 코딩하자

달의 공전 궤도를 알아보기 위한 시뮬레이션 프로그램에서 **태양** 스프라이트는 무대 가운데에 위치하여 움직이지 않으므로 간단하게 코딩해봅시다.

1 **태양** 스프라이트를 선택합니다.

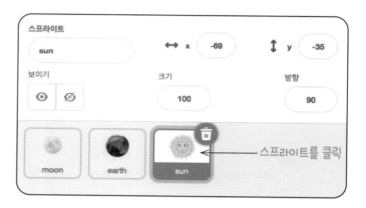

2 태양의 위치를 설정하기 전에 프로그램의 시작을 알리는 블록을 먼저 배치합니다. 이 블록은 **코드** 탭의 **이벤트** 그룹에서 찾을 수 있습니다.

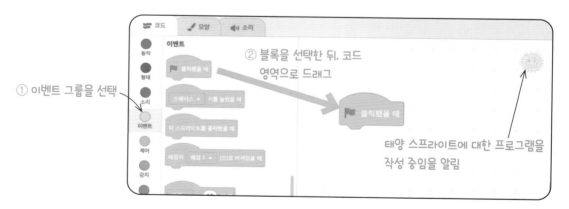

3 화면의 가운데의 좌표는 (0, 0)입니다. 다음과 같이 블록을 연결한 뒤, x : 0, y : 0을 입력합니다.

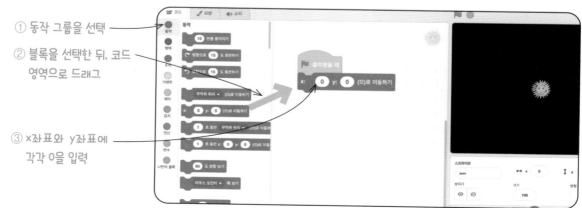

02 '지구의 공전'을 코딩하자

무대에서 **지구** 스프라이트를 태양 스프라이트와 일정 거리만큼 떨어진 곳에 위치시키고, 무대 중앙에 위치한 태양을 중심으로 지구가 이동하도록 코딩해 봅시다.

① **지구** 스프라이트를 선택합니다.

스프라이트를 클릭

② **지구** 스프라이트의 시작 위치를 설정합니다. 프로그램이 시작될 때 태양에서 오른쪽으로 120픽셀 떨어진 위치에서 시작되도록 합니다.

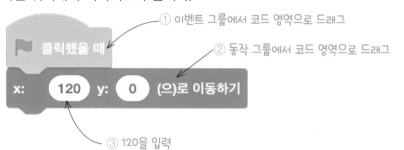

① 이벤트 그룹에서 코드 영역으로 드래그
② 동작 그룹에서 코드 영역으로 드래그
③ 120을 입력

시뮬레이션 프로그램에서는 태양에서 지구까지의 거리인 1AU를 임의로 120픽셀이라고 정했습니다.

무대의 x좌표, y좌표가 무엇인지 다시 한 번 짚어볼까?

스크래치 무대에서 스프라이트의 위치는 x 좌표와 y 좌표로 나타냅니다. 왼쪽이나 오른쪽으로 움직이는 것은 x 좌표로, 위나 아래로 움직이는 것은 y 좌표로 표현합니다. 스크래치의 무대에서 x 좌표는 −240에서 240까지, y 좌표는 −180에서 180까지 표현할 수 있습니다.

배경 저장소에서 무대 배경을 'Xy-grid'로 선택하면 x축과 y축이 표시되어 있어 좀 더 좌표 위치를 쉽게 알 수 있습니다.

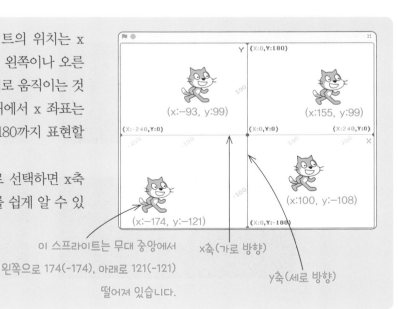

이 스프라이트는 무대 중앙에서
왼쪽으로 174(-174), 아래로 121(-121)
떨어져 있습니다.

x축(가로 방향)
y축(세로 방향)

3 무대에서 어떻게 하면 지구가 태양을 중심으로 시계 반대 방향으로 공전할지 방법을 생각해 봅시다.

① 지구가 2픽셀을 임의로 이동한 뒤, 시계 반대 방향으로 1° 회전하는 방법을 선택할 경우

- 장점 : 구현이 가장 쉬워요.

- 단점 : 태양이 공전 궤적의 중심에 정확히 오도록 설정하기 어려워요.

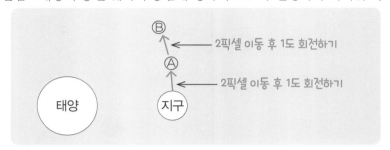

② 태양의 위치를 기준으로 지구의 위치를 계속 설정하는 방법을 선택할 경우

- 장점 : 구현이 쉽고, 안정적인 시뮬레이션을 구현할 수 있어요.

- 단점 : 구현하기 위해서는 생각이 약간 필요해요.

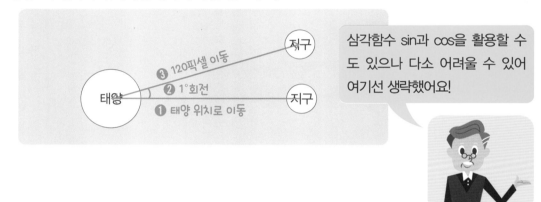

③ 위의 방법 중 ②의 방법으로 시뮬레이션 프로그램을 만들어 봅시다. 다음 그림은 ②의 방법으로 프로그램을 만들어 실행했을 때 지구 스프라이트가 이동하는 모습을 나타낸 것입니다. 실제로는 컴퓨터의 처리 속도가 매우 빨라 ❷ ~ ❸의 과정을 우리 눈으로 확인하기는 어렵습니다.

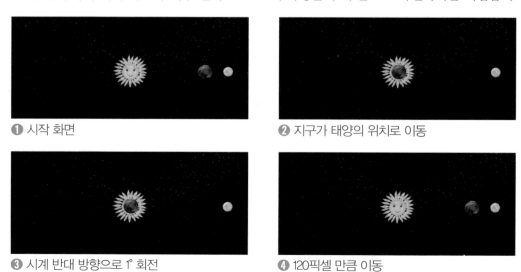

❶ 시작 화면

❷ 지구가 태양의 위치로 이동

❸ 시계 반대 방향으로 1° 회전

❹ 120픽셀 만큼 이동

4 앞서 정한 방법에 따라 무대에서 지구가 공전할 수 있도록 블록을 연결합니다.

① 무대에서 지구의 위치를 정하는 블록 아래
   에 제어 그룹의 무한 반복하기 블록을 연결
   합니다.

② 지구가 태양의 위치로 이동하도록 설정합니다.
   동작 그룹에서 무작위 위치(으)로 이동하기 블
   록을 연결합니다.

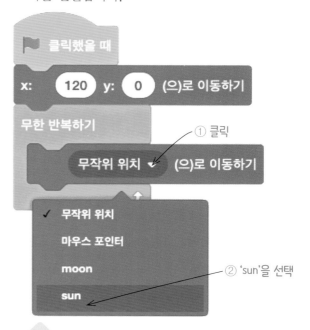

① 클릭

② 'sun'을 선택

③ 태양의 위치로 이동한 지구는 반시계 방향으
   로 1° 회전하도록 동작 그룹에서 시계 반대
   방향으로 1도 회전하기 블록을 연결합니다.

지구가 1° 씩 회전
하므로 1을 입력

④ 지구를 태양으로부터 120픽셀 이동시키기 위해
   동작 그룹에서 120만큼 움직이기 블록을 연결
   합니다.

120을 입력

5 무대에서 지구의 공전이 시작되는 위치를 설정합니다.

무대에서 지구는 태양의 오른쪽 위치에서 공전이 시작됩니다. 따라서 지구가 태양의 위치에서 오른쪽으로 이동할 수 있도록 지구의 방향을 오른쪽(90° 방향)이 되도록 설정해야 합니다. 90도 **방향 보기** 블록을 **무한 반복하기** 블록 위에 추가합니다.

만약 **무한 반복하기** 블록 안에 90도 **방향보기** 블록이 포함되면 계속해서 오른쪽(90° 방향)을 향하므로 원하는 궤도를 그릴 수 없습니다.

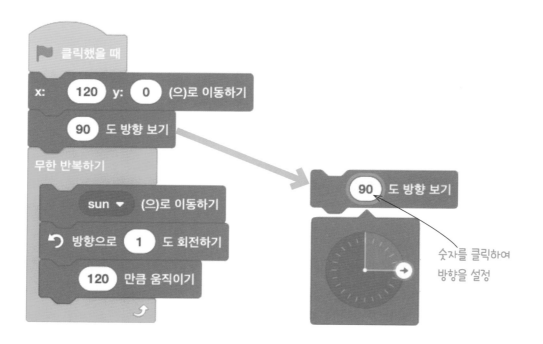

6 프로그램을 실행해 무대에서 지구가 태양을 중심으로 공전하는지 확인합니다.

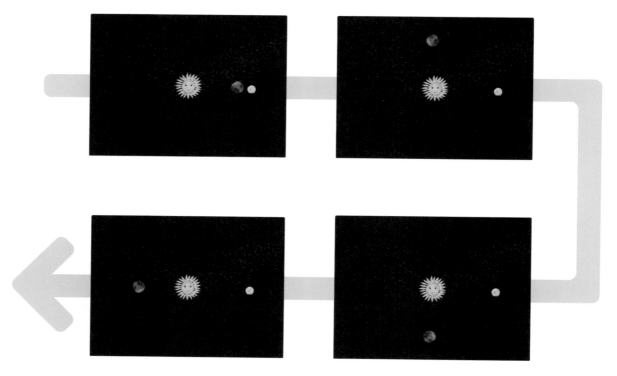

03 '달의 공전'을 코딩하자

지구가 태양 주위를 하루에 약 1°(360°/365일)씩 공전하는 동안 달은 지구 주위를 하루에 약 13°(360°/27.3일)씩 시계 반대 방향으로 공전합니다. 무대에서 달이 지구를 중심으로 공전하도록 하는 것은 앞서 지구가 태양을 공전하도록 하는 방법과 비슷합니다.

1 **달** 스프라이트를 선택합니다.

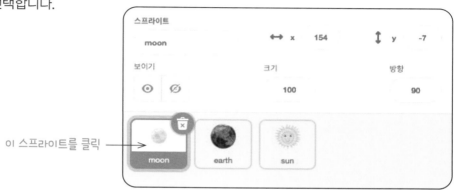

이 스프라이트를 클릭

2 달의 시작 위치를 설정합니다. 프로그램이 시작될 때 중심에서 오른쪽으로 160픽셀 떨어진 위치에서 시작되도록 합니다.

무대에서 달은 태양으로부터 160픽셀 즉, 지구로부터 40픽셀 떨어진 위치에 오도록 설정합니다.

160을 입력

3 달이 무대에서 공전하도록 설정합니다.

무대에서 달이 공전하는 것을 나타내려면 다음의 과정을 무한 반복하여 실행해야 합니다.

① 달이 지구의 위치로 이동
② 달 스프라이트가 시계 반대 방향으로 13° 회전
③ 40픽셀만큼 이동

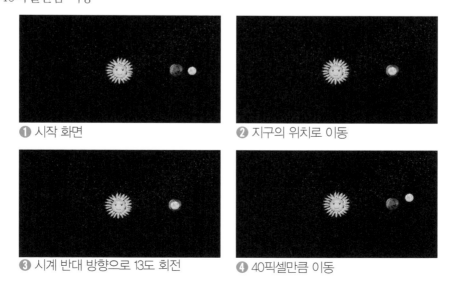

❶ 시작 화면   ❷ 지구의 위치로 이동

❸ 시계 반대 방향으로 13도 회전   ❹ 40픽셀만큼 이동

4 무대에서 달이 지구를 중심으로 공전할 수 있도록 블록을 연결합니다.

① 달이 지구를 계속 공전할 수 있도록 **제어** 그룹
에서 **무한 반복하기** 블록으로 연결합니다.

② 달이 지구의 위치로 이동하도록 설정합니다.
동작 그룹에서 **무작위 위치(으)로 이동하기** 블
록을 연결합니다.

③ 지구의 위치로 이동한 달은 반시계 방향으로
13° 회전하도록 블록을 연결합니다.

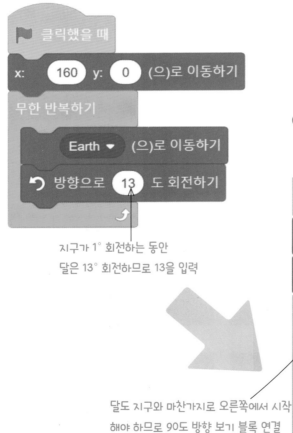

지구가 1° 회전하는 동안
달은 13° 회전하므로 13을 입력

④ 달을 오른쪽으로 40픽셀 이동시키기 위
해 블록을 연결합니다.

달도 지구와 마찬가지로 오른쪽에서 시작
해야 하므로 90도 방향 보기 블록 연결

40을 입력

5 **코드** 탭에서 가장 아래쪽 [확장 기능 추가하기]를 클릭하면 여러 확장 기능들이 나타납니다. 이 중 **펜**
을 선택하면 **코드** 탭에 **펜** 그룹이 표시됩니다.

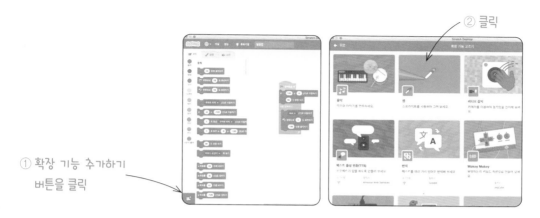

① 확장 기능 추가하기
버튼을 클릭

② 클릭

6 무대에 달의 이동 경로를 표시하여 달의 공전 궤도를 알 수 있습니다. 펜의 색과 굵기는 각각 흰색과
4픽셀로 정하여 눈에 띄도록 합니다.

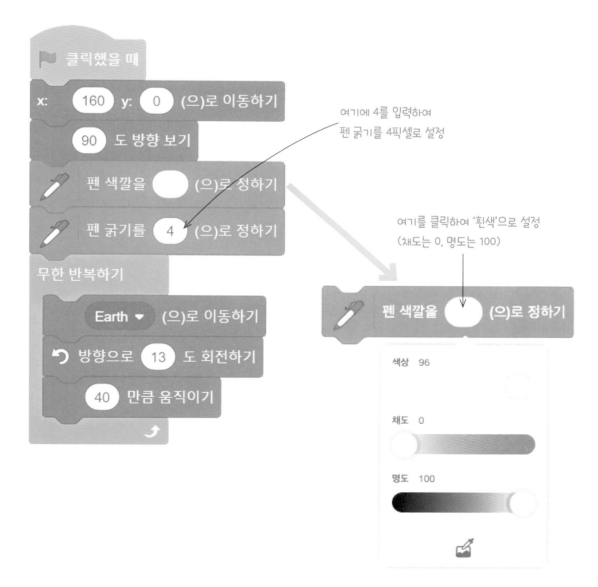

여기에 4를 입력하여
펜 굵기를 4픽셀로 설정

여기를 클릭하여 '흰색'으로 설정
(채도는 0, 명도는 100)

7 펜을 사용하여 달의 공전 궤도를 무대에 표시합니다.

8 완성된 시뮬레이션 프로그램을 실행해 달의 공전 궤도를 확인합니다.

펜 올리기 블록은 왜 사용하는 것일까?

무한 반복하기 내용은 'earth 위치로 이동하기 ➜ 13도 회전하기 ➜ 40만큼 움직이기'로 반복됩니다. 그런데 펜을 내리기만 하고 올리지 않으면 달이 지구의 위치로 이동하였다가 13도 회전한 뒤 40만큼 움직는 궤적이 모두 표시됩니다. 따라서 지구의 위치로 이동하기 전에 **펜 올리기**를 설정해 주어야 합니다. 펜 올리기 블록을 사용하지 않는다면 아래 그림과 같이 달 스프라이트의 모든 이동 경로가 표시됩니다.

 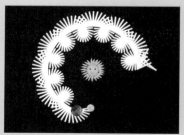

지구의 공전 궤적도 추적하고 싶다면?

지구의 공전 궤도를 확인하려면 무대에 지구가 이동하는 위치를 표시해야 합니다. 이때 펜 블록들을
추가하여 활용합니다.

01 **확장 기능 추가하기**를 클릭한
뒤, **펜**을 선택하면 **코드** 탭에 **펜**
그룹이 표시됩니다.

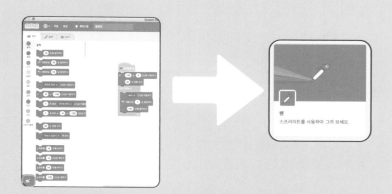

02 펜 그룹에서 **펜 색깔을 ~(으)로 정하기**와 **펜 내리기, 펜 올리기** 블록을 다음과 같이 연결합니다.

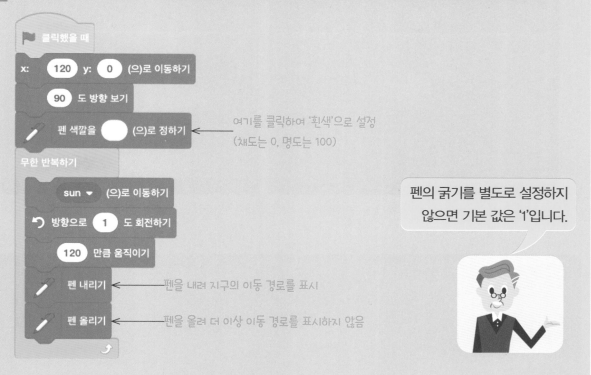

여기를 클릭하여 '흰색'으로 설정
(채도는 0, 명도는 100)

펜을 내려 지구의 이동 경로를 표시

펜을 올려 더 이상 이동 경로를 표시하지 않음

펜의 굵기를 별도로 설정하지
않으면 기본 값은 '1'입니다.

03 녹색 깃발을 클릭하여 지구의 궤도를 따라 흰색의 선
이 표시되는지 확인해 봅니다.

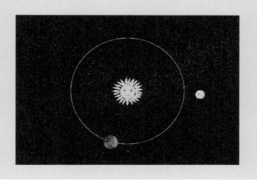

UPGRADE SCIENCE

달의 크기가 달라 보이는 이유는 무엇일까요?

이 시뮬레이션 프로그램을 통해 1년 동안의 달의 공전 궤도를 확인하는 것 외에 알 수 있는 사실이 한 가지 더 있습니다. 달의 크기는 항상 일정함에도 불구하고 지구와 달의 공전에 따른 거리 차이로 지구에서 달을 보는 우리 눈에는 달의 크기가 달라 보인다는 사실입니다.

지구는 태양을 중심으로 공전하고 있습니다. 달은 그 지구를 쫓아 가면서 나선형을 그리며 공전하면서 지구와의 거리가 가까워졌다가 멀어졌다가를 반복합니다. 달이 지구와 가까워졌을 때 우리 눈에는 크게 보이고, 멀어졌을 때 작아 보이게 됩니다.

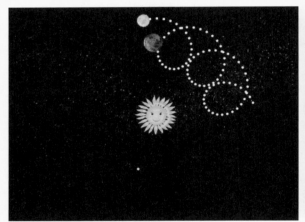

달이 지구에서 가까워졌을 때 달이 크게 보이게 된다.

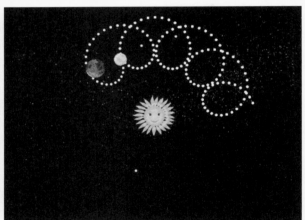

달이 지구에서 멀어졌을 때 달이 작게 보이게 된다.

SCRATCH BLOCK

동작 그룹

10 만큼 움직이기	스프라이트가 입력한 픽셀만큼 이동하도록 합니다.
방향으로 15 도 회전하기	스프라이트가 입력한 숫자 각도만큼 시계 반대 방향으로 회전하도록 합니다.
90 도 방향 보기	스프라이트의 진행 방향을 설정합니다. 90°는 오른쪽, 180°는 아래쪽, −90°는 왼쪽, 0°는 위쪽을 나타냅니다.
x: 0 y: 0 (으)로 이동하기	스프라이트가 입력된 x좌표와 y좌표 위치로 이동하도록 합니다.
무작위 위치 ▼ (으)로 이동하기	스프라이트가 특정 위치로 이동하도록 합니다. 이동 위치는 무작위 위치, 마우스 포인터, 다른 스프라이트 중 선택할 수 있습니다.

펜 그룹

펜 내리기	스프라이트가 이동하는 경로를 따라 펜을 내려 그립니다.
펜 올리기	펜을 올려 스프라이트의 이동 경로를 따라 그리는 것을 멈춥니다.
펜 굵기를 1 (으)로 정하기	펜의 굵기를 설정합니다.
펜 색깔을 ● (으)로 정하기	펜의 색깔을 설정합니다.

제어 그룹

무한 반복하기	블록 내부에 삽입된 다른 블록을 무한 반복하여 실행합니다.

이벤트 그룹

 클릭했을 때	무대 위의 녹색 깃발을 클릭하면 프로그램이 실행되도록 합니다.

화성이 갑자기 역행 운동을 한다구요?

엄마! 달 여행에서 달의 공전 궤적를 물어보는 퀴즈에서 스크래치를 활용해 정답을 맞혀서 화성행 2인 여행 티켓을 받았어요!

평소에 스크래치를 열심히 공부하더니 배운 보람이 있구나. 그럼 화성으로 출발해볼까?

화성의 평균 기온이 -80도로 생명체가 살 수 있는 조건은 아니지만 그외에 다른 조건들이 지구와 가장 비슷한 행성입니다.

지구처럼 하루가 약 24시간이고, 자전축도 비슷해서 계절이 있고, 극지방에 얼음이 있는 것도 비슷하대요.

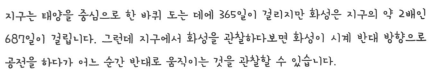
태양에서 지구까지 1AU(약 1억 5천만km)이고, 태양에서 화성까지는 1.5AU(약 2억 2천 7백 9십 4만km)입니다.

지구는 태양을 중심으로 한 바퀴 도는 데에 365일이 걸리지만 화성은 지구의 약 2배인 687일이 걸립니다. 그런데 지구에서 화성을 관찰하다보면 화성이 시계 반대 방향으로 공전을 하다가 어느 순간 반대로 움직이는 것을 관찰할 수 있습니다.

그것은 화성이 실제 이동 방향을 틀어 움직이는 것이 아닙니다. 지구와 화성의 공전 속도 때문에 그렇게 보이는 것일 뿐이에요. 시뮬레이션 프로그램을 통해 이 내용을 확인해 볼까요?

엄마! 우리도 화성의 역행 운동에 관한 시뮬레이션 프로그램을 스크래치를 활용해 만들어 보아요.

MISSION GUIDE

행성은 태양을 중심으로 시계 반대 방향으로 공전합니다. 하지만 지구에서 바라본 화성의 이동 모습은 달과 달리 역방향으로 이동하는 것처럼 보일 때가 있습니다. 지구에서 바라보는 화성이 왜 역행 운동을 하는지 알아보기 위해 직접 스크래치를 활용해 시뮬레이션 프로그램을 만들어 봅시다. 프로그램을 만들기 위해서 무엇이 필요할까요? 그리고 어떤 과학적인 지식이 필요할까요?

01 우주 배경, 태양, 지구, 화성, 지구에서 화성을 가리키는 막대 스프라이트를 준비합니다.

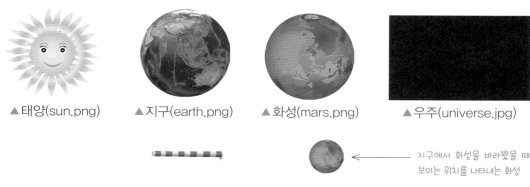

▲태양(sun.png)　　▲지구(earth.png)　　▲화성(mars.png)　　▲우주(universe.jpg)

▲막대(stick.png)　　▲지구에서 본 화성(mars.png)

지구에서 화성을 바라봤을 때 보이는 위치를 나타내는 화성

02 태양을 무대에 위치시킵니다.

• 달의 공전 궤도를 알아볼 때와 마찬가지로 여기서도 태양은 지구가 공전할 때 중심을 나타냅니다.

03 지구가 태양을 중심으로 공전하도록 합니다.

• 지구는 반시계 방향으로 하루에 약 1°씩 이동합니다(365일 동안 360°를 회전하므로 360/365≒1).
• 달의 공전 궤도 시뮬레이션과 마찬가지로 지구의 자전은 고려하지 않습니다.

04 화성이 태양을 중심으로 공전하도록 합니다.

• 화성은 태양을 중심으로 시계 반대 방향으로 하루에 약 0.5°씩 이동합니다 (687일 동안 360°를 회전하므로 360/687≒0.5).
• 화성은 태양으로부터 약 1.5AU만큼 떨어져 있습니다.

05 지구에서 화성을 가리키는 방향을 막대로 표현합니다.

• 지구와 화성을 막대 스프라이트로 연결해 화성 공전 궤적이 지구에서 어떻게 보이는지 확인할 수 있습니다.

06 화성의 역행 운동을 확인합니다.

• 완성한 시뮬레이션 프로그램을 실행하여 화성의 역행 운동을 확인해 봅시다.

MISSION START

01 스프라이트 불러오기

태양과 **지구, 화성, 막대** 스프라이트와 함께 **우주** 배경을 불러옵니다. 저장소 또는 내 폴더에 저장된 이미지를 불러와 사용해 봅시다.

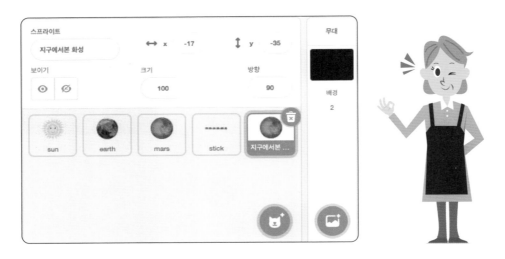

02 스프라이트 추가하기

① 무료 이미지 제공 사이트를 찾아가 필요한 이미지를 다운로드합니다.

픽사베이(https://pixabay.com/) 사이트에서 화성 또는 mars을 입력한 뒤, 원하는 이미지를 골라 다운로드 합니다.

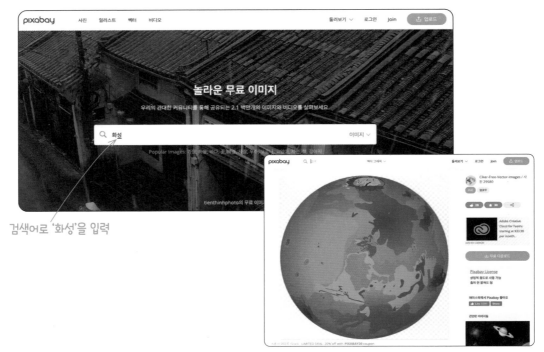

검색어로 '화성'을 입력

2 이미지를 스프라이트로 업로드한 뒤, **모양** 탭에서 화성의 크기를 줄여줍니다.

 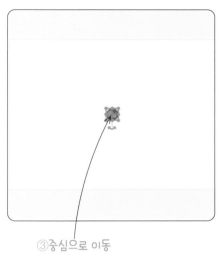

①모양 탭을 클릭   ②모서리 조절점을 드래그하여
　　　　　　　　　크기를 축소

③중심으로 이동

> 같은 과정을 거쳐 다른 스프라이트들의 크기를
> 변경합니다. 앞서 만든 프로그램에서 사용했던
> 태양과 지구 스프라이트는 여기에서 그대로 사
> 용할 경우, 크기를 더 줄여야 보기 좋은 시뮬레
> 이션을 만들 수 있습니다.

3 스프라이트 목록에서 **화성** 스프라이트를 복사하여 **지구에서 바라본 화성** 스프라이트를 만듭니다.

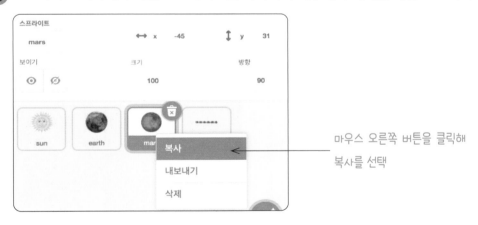

마우스 오른쪽 버튼을 클릭해
복사를 선택

4 복사된 스프라이트의 이름을 **지구에서 본 화성**으로 변경합니다.

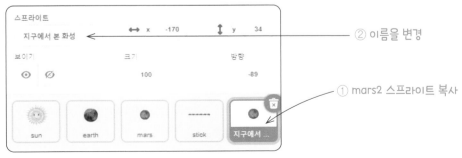

② 이름을 변경

① mars2 스프라이트 복사

MISSION CODING

01 '태양의 위치'를 코딩하자

화성의 역행 운동을 알아보기 위한 시뮬레이션 프로그램에서 태양 스프라이트는 무대 가운데에 위치하여 움직이지 않으므로 위치만 지정하는 프로그램을 작성해 봅시다.

1 **태양** 스프라이트를 선택합니다.

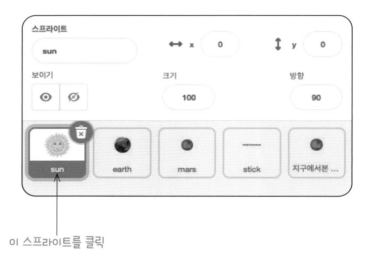

이 스프라이트를 클릭

2 앞 단원에서 이미 태양의 위치를 무대의 중앙에 배치해봤습니다. 여기에서도 태양은 중심에 위치하므로 다음과 같이 블록을 연결한 뒤, x: 0, y: 0을 입력합니다.

①이벤트 그룹에서 코드 영역으로 드래그

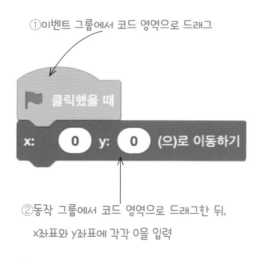

②동작 그룹에서 코드 영역으로 드래그한 뒤,
x좌표와 y좌표에 각각 0을 입력

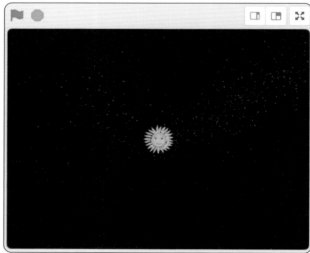

02 '지구의 공전'을 코딩하자

무대에서 지구 스프라이트는 태양 스프라이트와 일정 거리만큼 떨어진 곳에 위치시키고, 태양을 중심으로 공전하도록 코딩해 봅시다.

1 **지구** 스프라이트를 선택하고 시작 위치를 설정합니다. 프로그램이 시작될 때 중심에서 오른쪽으로 40픽셀 떨어진 위치에서 시작되도록 합니다.

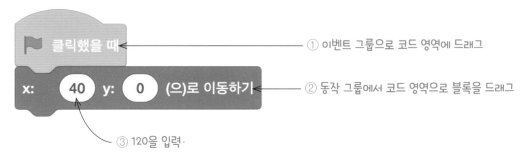

① 이벤트 그룹으로 코드 영역에 드래그

② 동작 그룹에서 코드 영역으로 블록을 드래그

③ 120을 입력·

2 어떻게 하면 지구가 태양을 중심으로 시계 반대 방향으로 공전할지 방법을 생각해 봅시다.

　① 지구가 2픽셀 이동한 뒤, 시계 반대 방향으로 1° 회전하는 방법을 이용할 경우 구현하기 쉽다는 장점이 있지만, 지구가 이동하는 궤적이 변동될 수 있다는 단점이 있습니다.

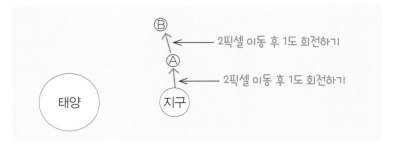

　② 태양의 위치를 기준으로 지구의 위치를 계속 설정하는 방법을 선택할 경우 지구가 이동하는 궤적을 안정적으로 표현할 수 있으며, 구현하기 위해서는 생각이 약간 필요합니다.

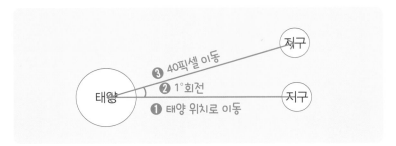

　③ 위의 방법 중 ②의 방법으로 시뮬레이션 프로그램을 만들어 봅시다.

> 삼각함수 sin과 cos을 활용할 수도 있으나 다소 어려울 수 있어 여기선 생략했어요!

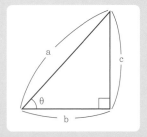

어떻게 하면 sin, cos을 이용하여 공전 궤적을 나타낼 수 있을까?

삼각함수는 직각삼각형 세 변의 비율을 나타낸 것입니다. 오른쪽과 같은 직각삼각형이 있다면 다음과 같은 공식이 성립됩니다. 여기서 θ는 세타라고 읽으며, 직각삼각형의 한 내각의 크기입니다.

$$\cos\theta = \frac{밑변}{빗변} = \frac{b}{a} \qquad \sin\theta = \frac{높이}{빗변} = \frac{c}{a}$$

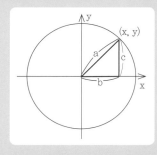

삼각함수를 활용해 원을 그리는 방법을 생각해 볼까요? 왼쪽 그림과 같이 원을 그리는 한 점은 x, y 좌표로 표시할 수 있습니다. 그리고 (0, 0), (x, 0), (0, y)를 연결하면 직각삼각형을 만들 수 있습니다.

삼각함수의 sinθ, cosθ를 이용하면 x=b=cosθ×a, y=c=sinθ×a 임을 알 수 있습니다.

만약 스크래치에서 삼각함수를 활용해 원을 그린다면 '무한 반복하기' 블록을 이용하여 θ값을 지속적으로 증가시킨다면, 원을 그릴 수 있겠죠?

③ 지구가 무대에서 공전할 수 있도록 설정합니다.

지구가 공전하는 것을 나타내기 위해서는 다음의 과정을 무한 반복하도록 합니다.

① 지구가 태양의 위치로 이동

② 지구 스프라이트가 시계 반대 방향으로 (360/365)° 만큼 회전

③ 40픽셀만큼 이동

④ 무대에서 지구가 태양을 중심으로 공전할 수 있도록 블록을 연결합니다.

① 지구가 태양을 계속 공전할 수 있도록 제어 그룹의 무한 반복하기 블록으로 연결합니다. 그 다음 지구가 태양의 위치로 이동하도록 동작 그룹의 무작위 위치(으)로 이동하기 블록을 연결합니다.

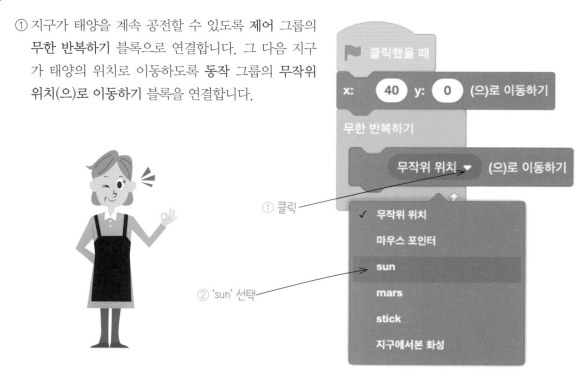

② 지구는 365일 동안 태양 주변을 반시계 방향으로 한 바퀴(360°) 회전하는 것을 표현하기 위하여 다음과 같이 블록을 연결합니다.

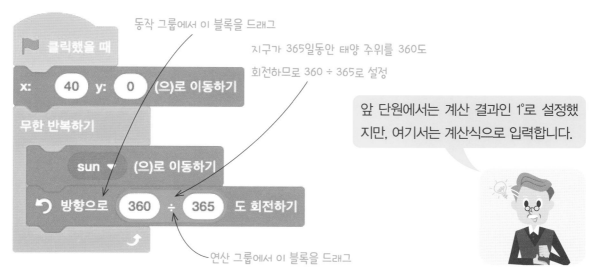

동작 그룹에서 이 블록을 드래그

지구가 365일동안 태양 주위를 360도 회전하므로 360 ÷ 365로 설정

앞 단원에서는 계산 결과인 1°로 설정했지만, 여기서는 계산식으로 입력합니다.

연산 그룹에서 이 블록을 드래그

③ 지구를 태양으로부터 40픽셀 이동시키기 위해 동작 그룹의 ~만큼 움직이기 블록을 연결합니다.

지구가 공전을 하지 않고 태양과 같은 위치에서 회전만 상태이므로 태양에서 40만큼 떨어진 위치로 이동하도록 설정

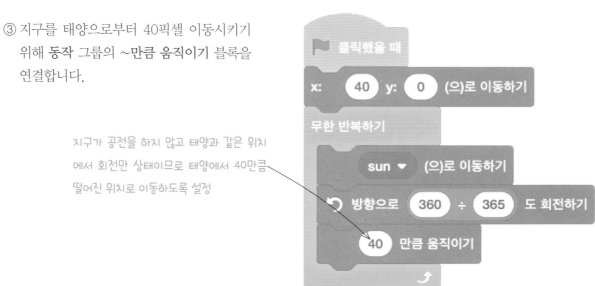

5 프로그램을 실행하여 지구의 공전을 확인합니다.

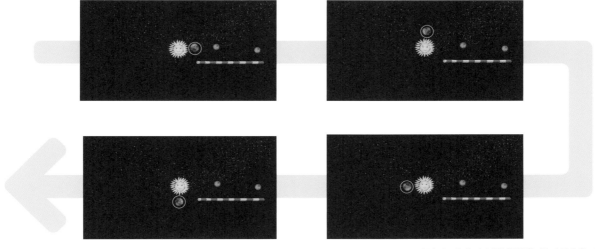

지구가 (40, 0)이 아니라 다른 위치에서 엉뚱한 방향으로 공전을 시작하면 어떻게 해야 할까?

프로그램을 실행하였을 때 지구가 다른 위치에서 엉뚱한 방향으로 공전을 하였을 경우 지구 스프라이트의 방향을 확인해 보아야 합니다. 스프라이트의 방향을 확인하여 수정하는 방법은 두 가지가 있습니다.

01 **지구** 스프라이트를 선택하고 스프라이트의 정보를 확인한 뒤 방향을 수정합니다.

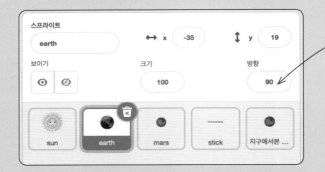

90을 입력하면 지구는 →방향을 향하므로 설정한 (40,0) 위치에서 공전을 시작할 수 있습니다

02 **동작** 그룹의 **90도를 방향 보기** 블록을 추가합니다.

프로그램을 실행하였을 때 지구 스프라이트가 무대의 무작위 위치에서 나타난다면 **무작위 위치로 이동하기** 블록에서 항목을 'sun'으로 선택하였는지 확인해 봅시다.

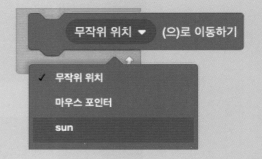

03 '화성의 공전'을 코딩하자

화성은 지구와 마찬가지로 태양 주위를 공전합니다. '지구의 공전' 프로그램과 마찬가지로 화성 스프라이트의 프로그램을 만들어 봅시다.

1 **화성** 스프라이트를 선택하고 시작 위치를 설정합니다. 프로그램이 시작될 때 중심에서 오른쪽으로 40픽셀 떨어진 위치에서 시작되도록 합니다.

무대에서 화성이 태양으로부터 60픽셀 떨어진 위치에 올 수 있도록 설정합니다. 60픽셀 화성은 태양에서 1.5AU 만큼 떨어져 있는데, 앞서 태양과 지구 사이의 거리 1AU를 40픽셀로 설정한 것을 고려한 값입니다.

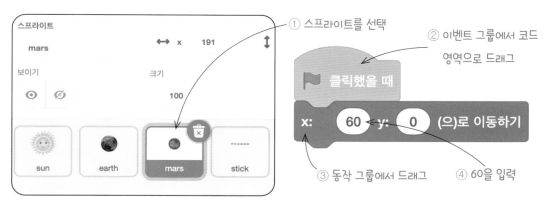

2 화성이 무대에서 공전하도록 블록을 설정합니다.

화성이 공전하는 방법은 지구가 공전하는 방법과 같습니다. 화성이 공전하는 것을 나타내기 위해서는 다음의 과정을 무한 반복하도록 합니다.

     ① 화성이 태양의 위치로 이동
     ② 화성 스프라이트가 시계 반대 방향으로 (360÷687)° 만큼 회전
     ③ 60픽셀만큼 이동

3 무대에서 화성이 태양을 중심으로 공전할 수 있도록 블록을 연결합니다.

     ① 화성이 태양을 계속 공전할 수 있도록 제어 그룹의 무한 반복하기 블록을 연결합니다. 그 다음 화성이 태양의 위치로 이동하도록 동작 그룹의 무작위 위치(으)로 이동하기 블록을 연결합니다.

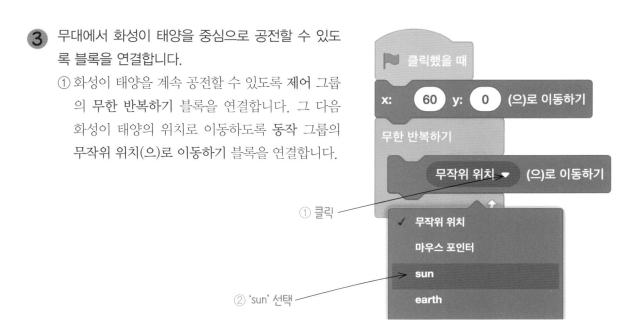

② 화성이 687일 동안 태양 주변을 시계 반대 방향으로 한 바퀴(360°) 회전하는 것을 표현하기 위하여 다음과 같이 블록을 연결합니다.

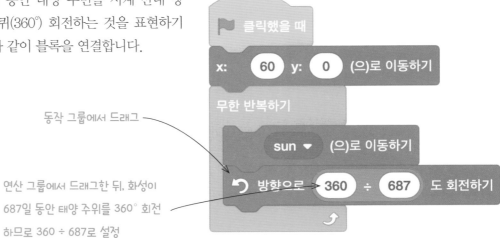

동작 그룹에서 드래그

연산 그룹에서 드래그한 뒤, 화성이 687일 동안 태양 주위를 360° 회전 하므로 360 ÷ 687로 설정

③ 화성을 오른쪽으로 60픽셀 이동시키기 위해 블록을 연결합니다.

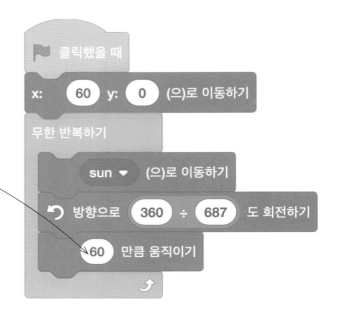

화성이 공전을 하지 않고 태양과 같은 위치에 서 회전만 상태이므로 태양에서 60만큼 떨어 진 위치로 이동하도록 설정

④ 프로그램을 실행하여 화성의 공전을 확인합니다.

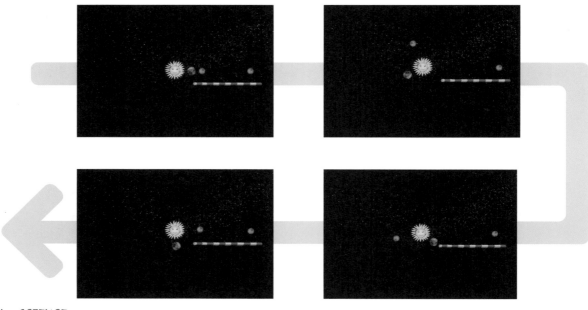

04 '지구와 화성을 가리키는 막대'를 코딩하자

지구에서 화성을 바라봤을 때 화성이 어디에 있는지 확인하기 쉽도록 막대 스프라이트를 활용하여 안내선의 역할을 하도록 합니다.

① **막대** 스프라이트를 선택합니다.

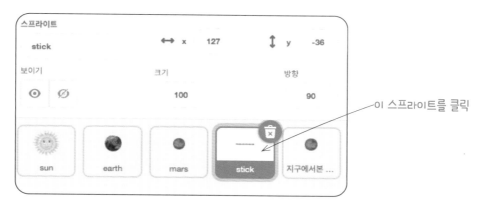

이 스프라이트를 클릭

② 막대 스프라이트 중심을 변경합니다.

막대 스프라이트는 지구에서 화성을 가리키도록 해야 하므로 중심이 가운데가 아니라 막대의 왼쪽 끝에 있어야 합니다.

①모양 탭을 클릭

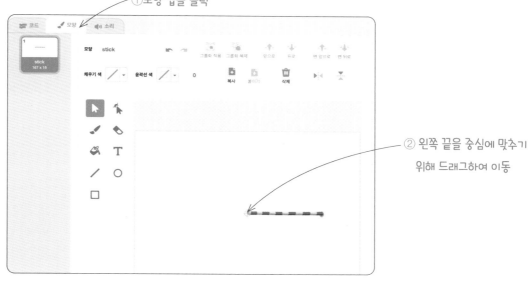

② 왼쪽 끝을 중심에 맞추기
위해 드래그하여 이동

③ 막대의 시작 위치를 설정합니다.

막대는 지구에서 화성을 가리키는 역할이므로 지구의
위치에서 시작해야 합니다.

지구와 화성을 계속 연결해야
하므로 이 블록을 사용

'earth'를 선택

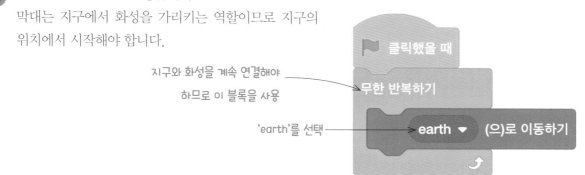

④ 막대가 화성을 가리키도록 설정합니다.

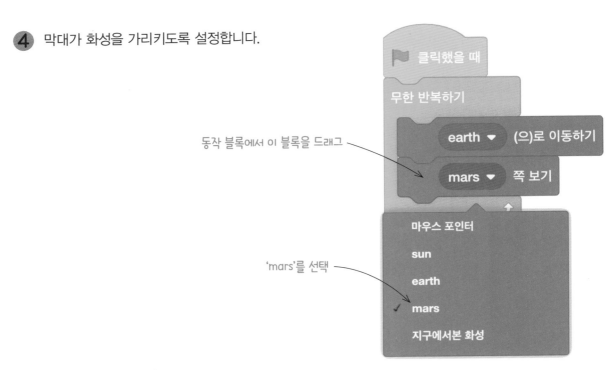

동작 블록에서 이 블록을 드래그

'mars'를 선택

⑤ 프로그램을 실행하여 막대가 지구 위치에서 화성을 잘 가르키고 있는지 확인합니다.

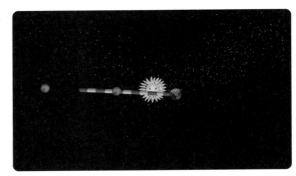

막대가 지구에서 화성 쪽을 바라보지 않는다면?

막대 스프라이트가 지구 위치에서 화성쪽을 바라보도록 하려면 막대 스프라이트가 가로로 누워 있어야 합니다. **막대** 스프라이트를 선택하고 **모양** 탭에서 막대가 가로로 누워있는지 확인합니다. 만약 가로로 누워있지 않다면 다음과 같은 과정을 통해 막대를 수정해 봅시다.

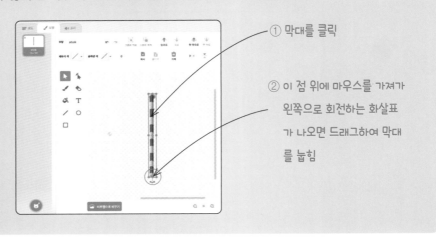

① 막대를 클릭

② 이 점 위에 마우스를 가져가 왼쪽으로 회전하는 화살표가 나오면 드래그하여 막대를 눕힘

05 '지구에서 본 화성의 움직임'을 코딩하자

우리는 화성의 움직임을 알아보기 위해 **지구에서 본 화성** 스프라이트를 미리 추가하였습니다. 이 스프라이트를 이용해서 지구에서 화성을 바라보았을 때 위치를 표시합니다.

1 **지구에서 바라본 화성** 스프라이트를 선택합니다.

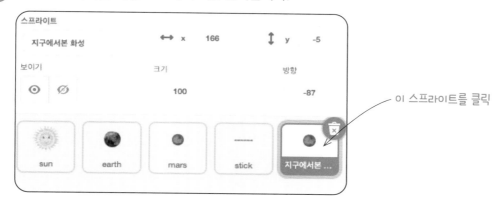

2 **지구에서 본 화성**이 무대에서 움직일 수 있도록 설정합니다.

지구에서 화성을 잇는 어떤 지점에 지구에서 바라본 화성이 위치하도록 합니다. 그러려면 지구에서 바라본 화성 스프라이트가 다음과 같이 지속적으로 움직이도록 설정하면 됩니다.

① 지구에서 본 화성이 화성(mars)의 위치로 이동

② 지구와 정반대 방향을 보도록 설정

③ 120만큼 이동

④ 무대에 펜으로 표시

3 **지구에서 본 화성**이 무대에서 움직일 수 있도록 블록을 연결합니다.

① 지구에서 본 화성 스프라이트가 계속 이동할 수 있도록 제어 그룹의 무한 반복하기 블록으로 연결합니다. 그 다음 지구에서 본 화성이 화성의 위치로 이동하도록 동작 그룹의 무작위 위치(으)로 이동하기 블록을 연결하여 'mars'를 선택합니다.

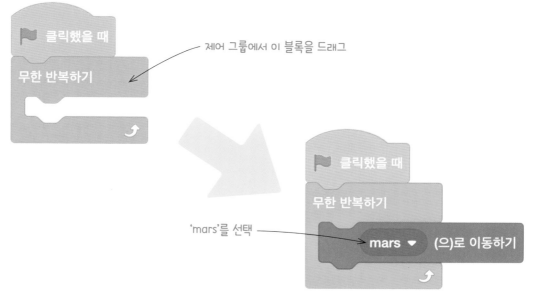

② 지구 위치에서 화성을 일직선으로 가리킬 수 있도록 설정하기 위해 지구에서 본 화성 스프라이트가 지구를 보게 했다가 다시 화성 방향으로 회전하도록 설정합니다. 다음 그림을 통해 좀 더 쉽게 이해해 봅시다.

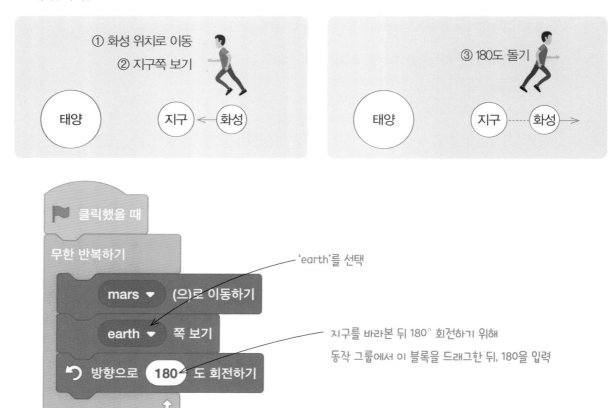

③ 지구에서 화성을 바라봤을 때, 화성이 보이는 위치를 나타내기 위해 **지구에서 본 화성**을 120픽셀 이동시키는 블록을 연결합니다.

4 무대에 **지구에서 본 화성**이 지구에서 보는 화성의 위
치를 표시하여 화성의 공전 궤도를 알 수 있습니다.

① 펜을 사용하여 지구에서 보이는 화성의 공전 위치
를 무대에 표시합니다.

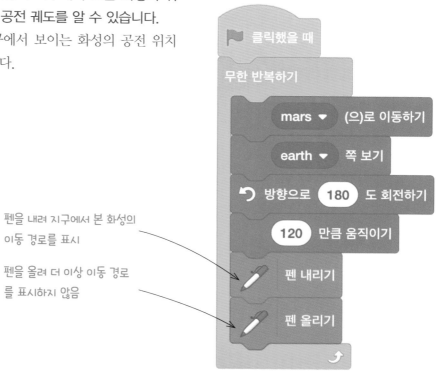

펜을 내려 지구에서 본 화성의
이동 경로를 표시

펜을 올려 더 이상 이동 경로
를 표시하지 않음

② 지구에서 보이는 화성의 공전 위치를 그리는 펜의
색과 굵기를 조절합니다. 펜의 색과 굵기는 각각 회
색과 2픽셀로 정하여 눈에 띄도록 합니다.

펜으로 그린 흔적은 프로그램을 다시 실행
해도 계속 남아있으므로 이 블록을 사용

여기를 클릭하여 '회색'으로
설정 (채도 0, 명도 67)

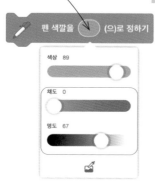

6 완성된 시뮬레이션 프로그램을 실행해 지구에서 보이는 화성의 이동 경로를 확인합니다.

시뮬레이션 확인 결과, 실제로 화성이 역행을 하는 것이 아니며, 화성이 공전을 하다가 정지하는 것도 아니라는 것을 알 수 있습니다. 지구의 공전 속도가 화성의 공전 속도보다 빠르다보니 지구가 화성을 추월하는 시점에 화성이 역행하는 것처럼 보일 뿐입니다.

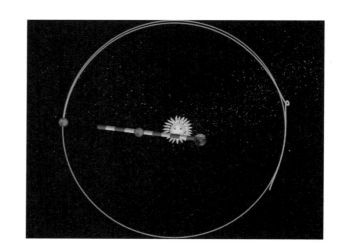

UPGRADE SCIENCE

왜 화성이 역행하는 것처럼 보일까?

화성이 역행하는 시뮬레이션은 실제로 거꾸로 공전을 하는 것이 아니라 지구와 화성의 공전 속도가 달라 지구가 화성을 추월하는 시점에서 화성이 역행하는 것처럼 보입니다. 이 시점은 화성과 지구가 가장 가까울 때로 화성이 가장 크게 보이기도 합니다. 다음의 그림을 통해 이해해 봅시다.

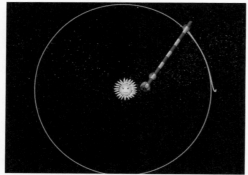

위 그림은 화성의 역행 운동을 관찰할 수 있는 시작 위치를 나타냅니다. 지구와 화성이 가장 가까운 시기라는 것을 알 수 있습니다.

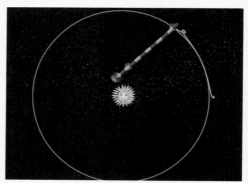

지구와 화성이 가장 가까울 때, 화성이 가장 크게 보입니다.

이 과정을 그림으로 표현하면 오른쪽과 같습니다.

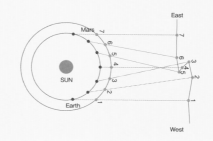

SCRATCH BLOCK

동작 그룹

10 만큼 움직이기	스프라이트가 입력한 픽셀만큼 이동하도록 합니다.
방향으로 15 도 회전하기	스프라이트가 입력한 숫자 각도만큼 시계 반대 방향으로 회전하도록 합니다.
90 도 방향 보기	스프라이트의 진행 방향을 설정합니다. 90°는 오른쪽, 180°는 아래쪽, −90°는 왼쪽, 0°는 위쪽을 나타냅니다.
마우스 포인터 ▼ 쪽 보기	마우스 포인터나 다른 스프라이트를 향하도록 설정할 수 있습니다.
x: 0 y: 0 (으)로 이동하기	스프라이트가 입력된 x좌표와 y좌표 위치로 이동하도록 합니다.
무작위 위치 ▼ (으)로 이동하기	스프라이트가 특정 위치로 이동하도록 합니다. 이동 위치는 무작위 위치, 마우스 포인터, 다른 스프라이트 중 선택할 수 있습니다.

펜 그룹

펜 내리기	스프라이트가 이동하는 경로를 따라 펜을 내려 그립니다.
펜 올리기	펜을 올려 스프라이트의 이동 경로를 따라 그리는 것을 멈춥니다.
펜 굵기를 1 (으)로 정하기	펜의 굵기를 설정합니다.
펜 색깔을 ⬤ (으)로 정하기	펜의 색깔을 설정합니다.
모두 지우기	무대에서 펜을 사용한 흔적을 모두 지웁니다.

제어 그룹

무한 반복하기	블록 내부에 삽입된 다른 블록을 무한 반복하여 실행합니다.

이벤트 그룹

🚩 클릭했을 때	무대 위의 녹색 깃발을 클릭하면 프로그램이 실행되도록 합니다.

천동설은 왜 잘못되었을까요?

과거에는 사람들이 천동설을 믿었대요. 그런데 우리는 천동설을 믿지 않아요. 어떤 과학적 근거로 사람들이 천동설을 믿지 않게 됐을까요?

천동설이 무엇인지 알고 있구나.

천동설은 지구가 우주의 중심이고 태양을 포함한 다른 행성들이 지구를 중심으로 공전하는 거래요. 이집트에서 태어난 천문학자 프톨레마이오스가 주장했다고 들었어요.

천동설이 사실이라면 지구에서 보이는 행성의 움직임과 모습을 설명할 수 있어야 하지만 그럴 수 없었지. 천동설에 의하면 금성과 태양도 지구를 중심으로 공전하는데, 그렇게 되면 금성의 위상 변화를 설명할 수 없었대.

위상이 뭐예요?

달이 반달, 보름달, 그믐달 등의 모양으로 보이는 것처럼 지구에서 보이는 행성의 모양을 말해. 금성도 위치에 따라 햇빛이 비추는 부분이 달라 위상의 변화가 있지.

그런데 왜 천동설에서는 금성의 위상 변화를 설명할 수 없는 거예요? 궁금해요!!

지금까지 달의 공전 궤적, 화성의 역행 운동 모~두 스크래치로 시뮬레이션 프로그램을 만들어서 확인했잖니. 그럼…

아하! 고민할 필요가 없겠어요. 얼른 만들어 봐야지!

MISSION GUIDE

현재는 여러 과학적 근거에 의해 천동설이 잘못되었다는 것이 밝혀졌습니다. 천동설이 잘못되었다는 결정적인 근거로 금성의 위상 변화를 예로 들 수 있는데, 만약 천동설이 사실이었다면 금성의 위상 변화는 어떠했을까요? 스크래치를 활용한 시뮬레이션 프로그램을 만들어 천동설을 전제로 한 금성의 위상 변화를 살펴보고 어떻게 천동설을 뒤집는 근거가 되었는지 살펴봅시다. 시뮬레이션 프로그램을 만들기 위해 무엇이 필요할까요? 그리고 어떤 과학적인 지식이 필요할까요?

천동설이란 무엇일까?

천동설은 다음 그림과 같이 지구가 우주의 중심으로 천체가 지구를 중심으로 이동한다는 이론입니다.

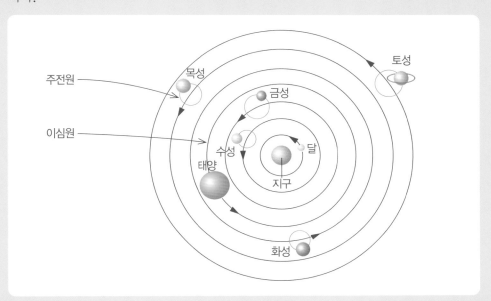

천동설에서 지구와 태양, 금성은 다음과 같은 특징을 갖고 있습니다.

ⓐ 지구는 움직이지 않습니다.

ⓑ 태양과 지구 사이에 금성이 있습니다.

ⓒ 금성은 지구를 중심으로 반시계 방향으로 이동합니다(이심원).

ⓓ 금성은 공전 궤도를 따라 원운동을 합니다(주전원).

ⓔ 금성은 지구의 0.9배 크기이며, 공전 주기는 224일입니다.

ⓕ 태양도 금성과 마찬가지로 지구를 중심으로 반시계 방향으로 공전합니다.

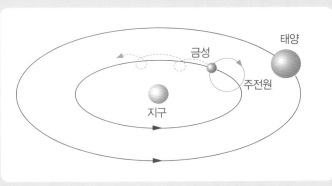

01 스프라이트와 배경을 준비합니다.

우주 배경, 태양, 지구, 금성, 변화하는 금성의 위상, 금성의 주전원, 태양에서 금성을 비추는 햇빛, 지구와 금성을 연결하는 막대 스프라이트를 준비합니다. 스프라이트 저장소에 없거나 이미지 검색이 어려운 이미지는 직접 그려 봅시다.

▲우주(universe.jpg)

▲지구(earth.png)

▲태양(sun.png)

▲금성(금성.png)

▲막대(막대.png)

▲주전원(주전원.png)

▲햇빛(햇빛.png)

02 지구를 무대에 위치시킵니다.

- 천동설에서 우주의 중심은 지구입니다. 그러므로 이 시뮬레이션 프로그램에서 지구가 중심을 나타내는 장치로, (0, 0)에 위치합니다.

03 금성의 주전원이 지구를 중심으로 공전하도록 합니다.

- 천동설에서는 금성이 주전원을 따라 돕니다. 주전원은 지구를 중심으로 공전합니다.
- 금성은 지구를 중심으로 반시계 방향으로 공전합니다.

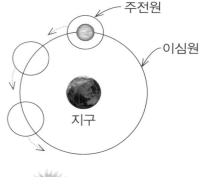

04 태양이 지구를 중심으로 공전하도록 합니다.

- 태양은 지구로부터 금성보다 먼 곳에 위치합니다. 태양이 공전하는 속도는 금성의 공전 속도와 동일합니다.
- 태양은 금성과 마찬가지로 지구를 중심으로 반시계 방향으로 공전합니다.

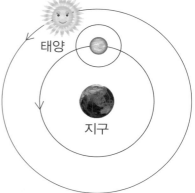

이 시뮬레이션 프로그램에서는 공전 속도를 임의로 설정합니다.

05 햇빛이 금성에 도달하는지를 표현합니다.

- 햇빛을 표현하여 태양에서 금성까지 도달하는 햇빛이 금성에 어떻게 비치는지를 확인할 수 있습니다.

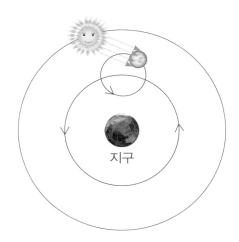

06 지구에서 금성이 보이는 방향을 막대로 표현합니다.

- 지구와 금성을 막대 스프라이트를 이용해 연결합니다.

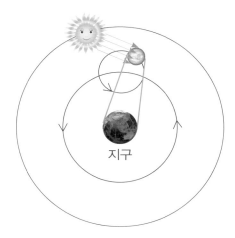

07 금성의 위상 변화를 확인합니다.

- 지구를 중심으로 한 태양과 금성의 공전에 따라 지구에서 보는 금성의 모습이 어떠한지 완성한 시뮬레이션 프로그램을 실행하여 확인해 봅시다.

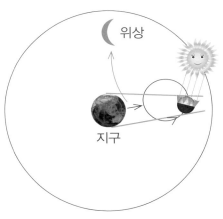

MISSION START

01 스프라이트와 배경 불러오기

태양 스프라이트, **지구** 스프라이트, **우주** 배경 등은 저장소 또는 내 폴더에서 불러와서 사용할 수 있습니다.

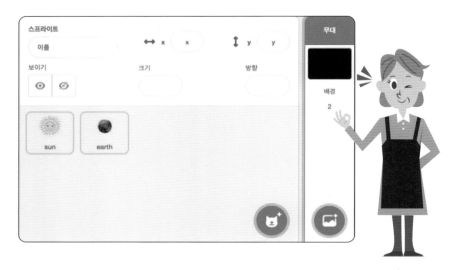

02 금성 스프라이트 제작하기

① 무료 이미지 제공 사이트에서 필요한 이미지를 검색합니다.

픽사베이(https://pixabay.com/)에서 '금성'을 입력한 뒤, 원하는 이미지를 찾아 다운로드 합니다.

'금성'을 검색

❷ 이미지 크기를 수정합니다.

'금성' 이미지를 스프라이트로 스크래치 무대에서 사용하기에 크기가 너무 크므로 온라인 무료 이미지 편집 사이트인 Pixlr(https://Pixlr.com/kr)에서 크기를 수정해 봅시다. Pixlr(픽슬러)에는 포토샵에서 지원하는 많은 기능들을 무료로 제공하고 있어 사용이 편리합니다.

② [이미지 열기]를 클릭   ① [Pixlr E]를 클릭

❸ Pixlr에서 수정할 이미지를 선택해서 불러옵니다.

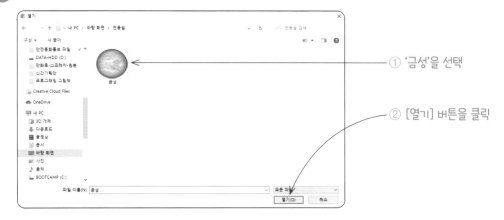

① '금성'을 선택

② [열기] 버튼을 클릭

❹ Pixlr에서 이미지의 크기를 변경합니다.

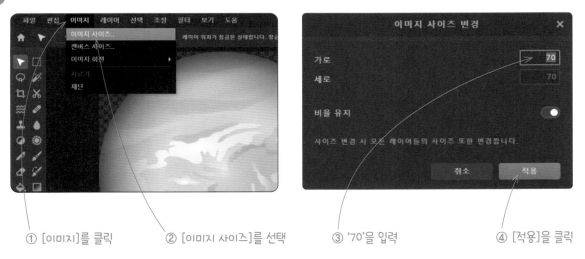

① [이미지]를 클릭 ② [이미지 사이즈]를 선택 ③ '70'을 입력 ④ [적용]을 클릭

5 수정이 완료되었다면 파일을 저장합니다.

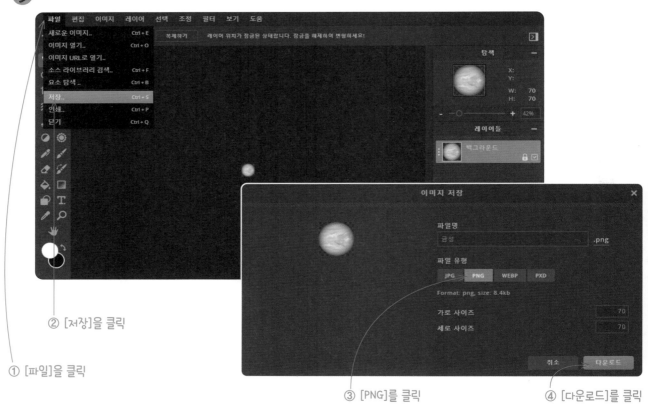

② [저장]을 클릭

① [파일]을 클릭

③ [PNG]를 클릭

④ [다운로드]를 클릭

Pixlr의 화면 구성에 대해 알아볼까요?

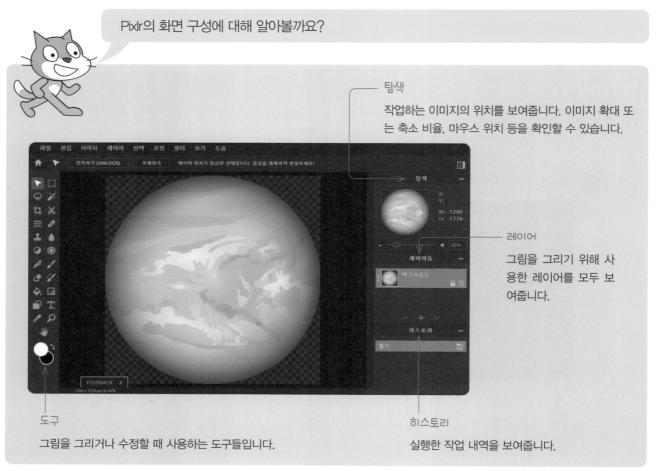

탐색

작업하는 이미지의 위치를 보여줍니다. 이미지 확대 또는 축소 비율, 마우스 위치 등을 확인할 수 있습니다.

레이어

그림을 그리기 위해 사용한 레이어를 모두 보여줍니다.

도구

그림을 그리거나 수정할 때 사용하는 도구들입니다.

히스토리

실행한 작업 내역을 보여줍니다.

03 햇빛 스프라이트 제작하기

햇빛 스프라이트는 태양으로부터의 빛이 금성에 어떻게 비치는지 알려주기 위한 스프라이트라 할 수 있습니다. 햇빛이 비추는 쪽은 밝게, 햇빛이 비추지 않는 쪽은 어둡게 만들어 지구에서 봤을 때 금성의 위상을 쉽게 파악할 수 있도록 합니다.

흰색 반투명 부분   ▲ 햇빛.png   검은색 반투명 부분

1 Pixlr에서 스프라이트로 사용할 이미지를 직접 그려봅시다.

햇빛 스프라이트는 저장소에 없으므로 직접 그려야 합니다. 새 페이지를 열어 그림을 그려 봅시다.

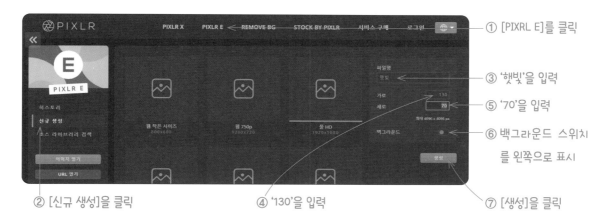

① [PIXRL E]를 클릭
② [신규 생성]을 클릭
③ '햇빛'을 입력
④ '130'을 입력
⑤ '70'을 입력
⑥ 백그라운드 스위치를 왼쪽으로 표시
⑦ [생성]을 클릭

2 햇빛이 비치는 쪽을 만들기 위해 다음과 같은 순서로 100픽셀 크기로 선택 영역을 만듭니다.

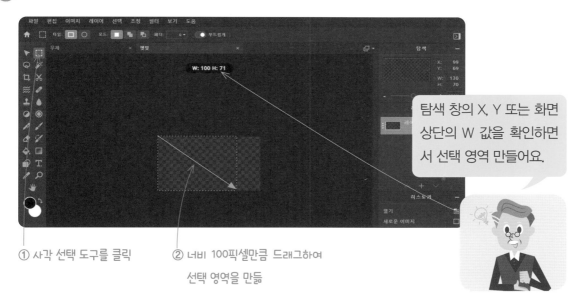

탐색 창의 X, Y 또는 화면 상단의 W 값을 확인하면서 선택 영역 만들어요.

① 사각 선택 도구를 클릭
② 너비 100픽셀만큼 드래그하여 선택 영역을 만듦

③ 선택 영역 안에 다음과 같은 순서로 색상을 채워 넣습니다.

① 색상을 선택하기 위해 전경색을 클릭

② 여기를 클릭

③ [OK]를 클릭

전경색
배경색

색상을 선택하는 두 개의 부분이 있습니다. 앞은 전경색으로, 대상을 칠할 때 사용됩니다. 뒤는 배경색으로, 지울 때 사용됩니다.

④ 페인트 통 도구로 다음과 같은 순서로 '흰색'을 채웁니다.

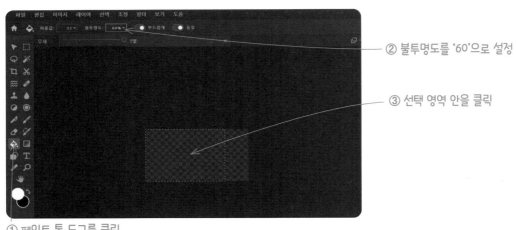

② 불투명도를 '60'으로 설정

③ 선택 영역 안을 클릭

① 페인트 통 도구를 클릭

⑤ 햇빛이 비치지 않는 쪽을 만들기 위해 다음과 같은 순서로 그림을 완성합니다.

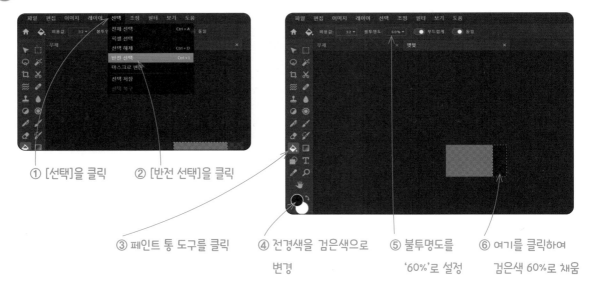

① [선택]을 클릭

② [반전 선택]을 클릭

③ 페인트 통 도구를 클릭

④ 전경색을 검은색으로 변경

⑤ 불투명도를 '60%'로 설정

⑥ 여기를 클릭하여 검은색 60%로 채움

6 작업이 완료되었으면 다음과 같은 순서로 파일을 저장합니다.

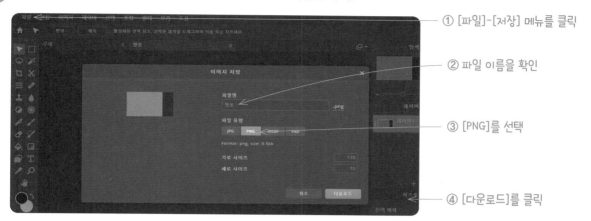

① [파일]-[저장] 메뉴를 클릭

② 파일 이름을 확인

③ [PNG]를 선택

④ [다운로드]를 클릭

04 주전원 스프라이트 제작하기

주전원은 천동설에서 금성의 공전 궤도인 이심원을 따라 원운동을 하는 궤도입니다. 시뮬레이션 프로그램에서 주전원 스프라이트의 중심이 이심원을 따라 이동하는 모습을 통해 금성의 이동 경로를 파악할 수 있게끔 만들려고 합니다.

1 Pixlr에서 스프라이트로 사용할 이미지를 그려 봅시다.

새 페이지를 열어 그림을 그려 봅시다. 이때 주전원 스프라이트는 반지름을 40픽셀로 설정합니다.

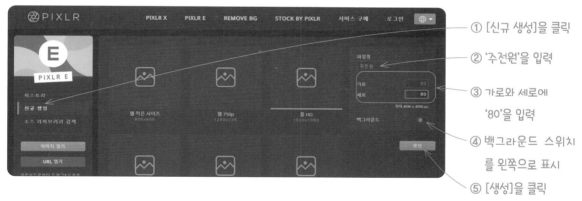

① [신규 생성]을 클릭

② '주전원'을 입력

③ 가로와 세로에 '80'을 입력

④ 백그라운드 스위치를 왼쪽으로 표시

⑤ [생성]을 클릭

2 원을 그리기 위해 다음과 같은 순서로 원을 그립니다.

작업이 완료되면 반드시 파일을 저장합니다.

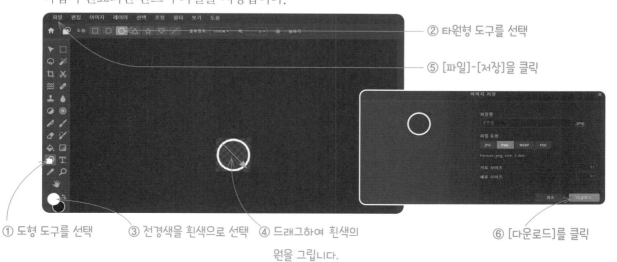

② 타원형 도구를 선택

⑤ [파일]-[저장]을 클릭

① 도형 도구를 선택   ③ 전경색을 흰색으로 선택   ④ 드래그하여 흰색의 원을 그립니다.

⑥ [다운로드]를 클릭

05 막대 스프라이트 제작하기

지구에서 금성이 보이는 방향을 막대 스프라이트로 표현합니다. 금성의 위상이 어떤 모양을 하고 있는지 쉽게 확인할 수 있도록 돕는 안내선이라고도 할 수 있습니다. 이 스프라이트의 길이는 150픽셀이고 2개의 선이 평행하게 배치된 모양입니다. 이때, 선과 선 사이의 거리는 25픽셀(금성 크기로 25픽셀로 설정할 예 정이므로)로 설정합니다.

① Pixlr에서 스프라이트로 사용할 이미지를 그려 봅시다.

새 페이지를 열어 그림을 그려 봅시다. 이때 막대 스프라이트의 길이는 150픽셀, 선과 선 사이의 거리 는 25픽셀로 설정합니다.

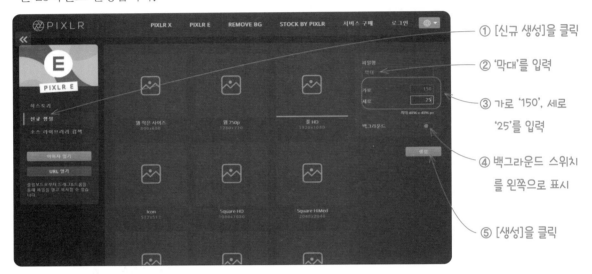

① [신규 생성]을 클릭

② '막대'를 입력

③ 가로 '150', 세로 '25'를 입력

④ 백그라운드 스위치 를 왼쪽으로 표시

⑤ [생성]을 클릭

② 선을 그리기 위해 다음과 같은 순서로 선을 그립니다. 작업이 완료되면 반드시 파일을 저장합니다.

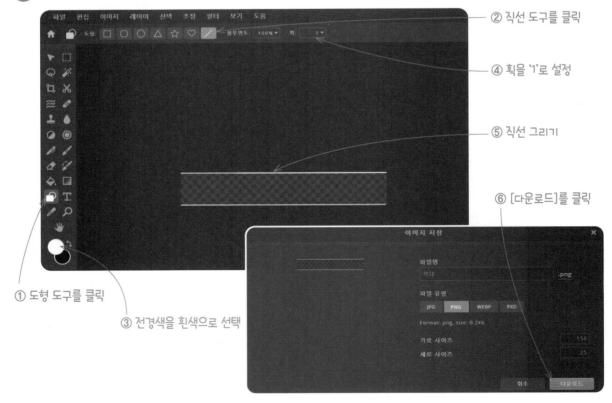

② 직선 도구를 클릭

④ 획을 '1'로 설정

⑤ 직선 그리기

⑥ [다운로드]를 클릭

① 도형 도구를 클릭

③ 전경색을 흰색으로 선택

06 금성의 위상 제작하기

프로그램이 실행되는 동안 무대 오른쪽 상단에 금성의 위상 변화를 알 수 있도록 금성의 위상 스프라이트를 만들어 봅시다. 금성의 위상을 제작하기 위해 다른 스프라이트와 마찬가지로 Pixlr를 활용해 봅시다.
먼저, 프로그램을 실행하여 금성의 위상이 어떻게 변하는지 살펴봅시다.

천동설에서 금성의 위상은 아래와 같은 순서로 보이며, 이 위상들은 금성의 공전에 맞추어 차례대로 등장하게 됩니다.

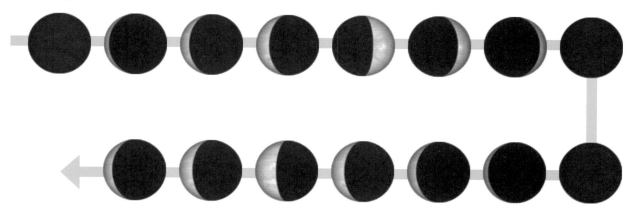

1 Pixlr에서 금성 이미지를 불러옵니다.

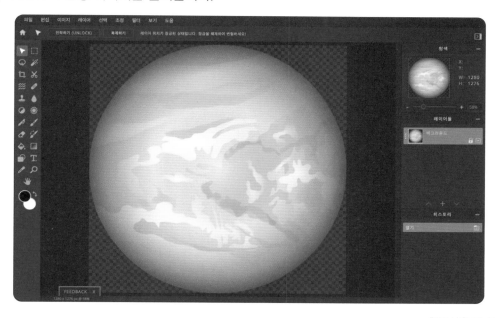

2 레이어들 패널을 이용해서 금성 이미지 위에 투명한 새로운 레이어를 추가합니다.

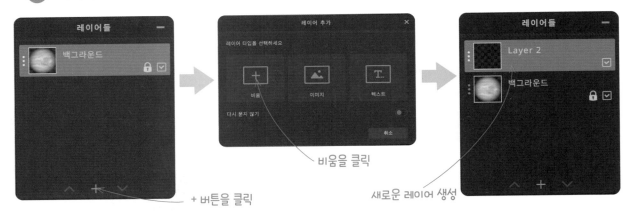

+ 버튼을 클릭

비움을 클릭

새로운 레이어 생성

레이어란 무엇일까?

레이어는 이미지를 수정하거나 이미지가 놓이는 순서를 변경하기 쉽도록 사용하는 투명한 필름과 같습니다. 예를 들어, 오른쪽 그림과 같이 곰과 호랑이가 겹쳐진 그림이 있습니다. 곰이 앞에 있고, 호랑이가 뒤에 있습니다. 그런데 호랑이가 앞으로 오도록 그림을 수정하려고 합니다. 만약 한 레이어에 곰과 호랑이가 그려졌다면 이미지를 아예 처음부터 새로 그려야 할 것입니다. 하지만 사자와 호랑이를 각각의 레이어에 그렸다면 수정할 필요가 없습니다. 레이어의 위치만 변경하면 됩니다.

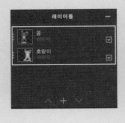   

3 Layer 2에 금성 이미지 안에 다음과 같이 타원을 그려 봅시다.

① Layer 2를 클릭

② 선택 도구를 클릭

③ 타원을 클릭

④ 드래그하여 검은색으로 색칠할 부분을 타원으로 지정

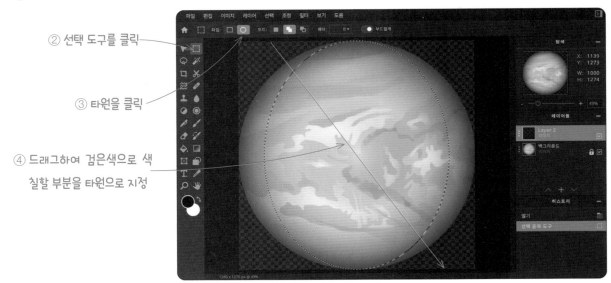

4 페인트통 도구를 이용하여 선택된 타원을 검은색으로 칠합니다.

① 칠하기 도구를 클릭

③ 선택된 타원을 클릭

② 검은색 선택

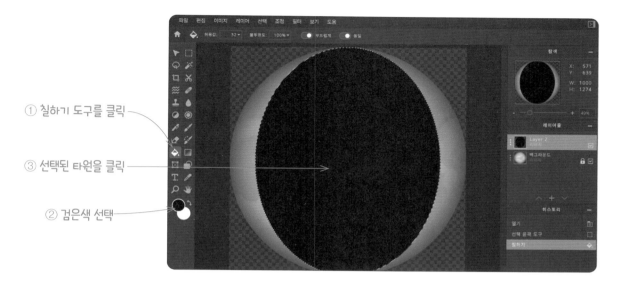

5 새로운 레이어를 하나 더 추가합니다.

③ 가장 위에 Layer 3 추가

② 비움을 클릭

① +를 클릭

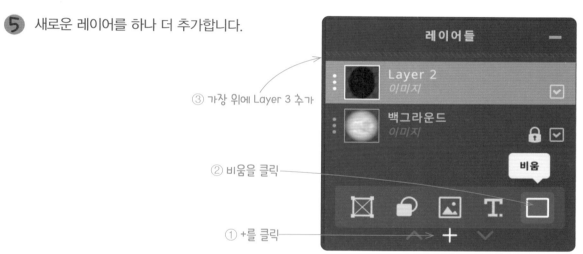

6 초승달 모양을 만들기 위해 다음과 같이 이미지의 반을 사각형으로 선택합니다.

① Layer 3를 클릭

② 선택 도구를 클릭

③ 직사각형을 클릭

④ 드래그하여 검은색으로
색칠할 부분을 지정

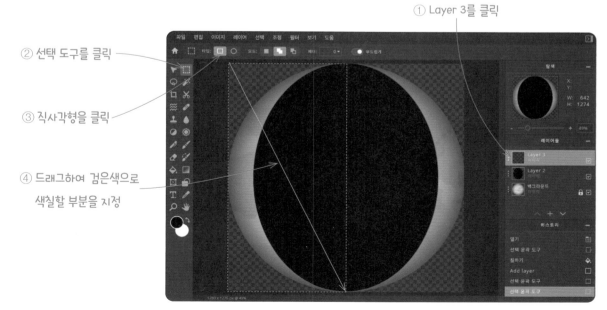

7 페인트통 도구를 이용하여 선택된 사각형을 검은색으로 칠합니다.

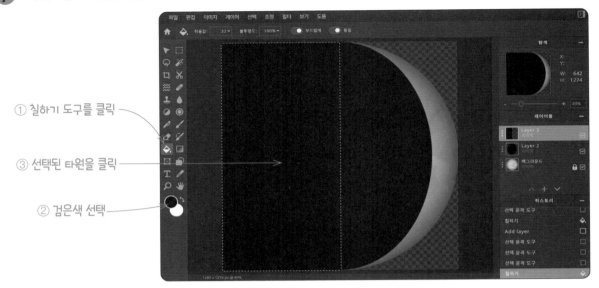

① 칠하기 도구를 클릭

③ 선택된 타원을 클릭

② 검은색 선택

8 백그라운드 레이어를 선택하고 Layer 3를
숨깁니다.

② 체크 박스를 해제하여
Layer 3를 숨김

① 백그라운드 레이어를 선택

9 마술봉 도구를 사용해 금성 이외의 부분을 선택합니다.

② '동일'을 해제

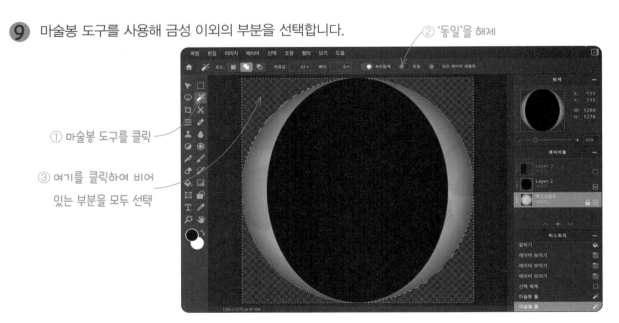

① 마술봉 도구를 클릭

③ 여기를 클릭하여 비어
있는 부분을 모두 선택

10 Layer 3을 선택하고 Delete 키를 눌러 검은색 부분을 삭제하여 초승달 모양의 금성 이미지를 완성합니다.

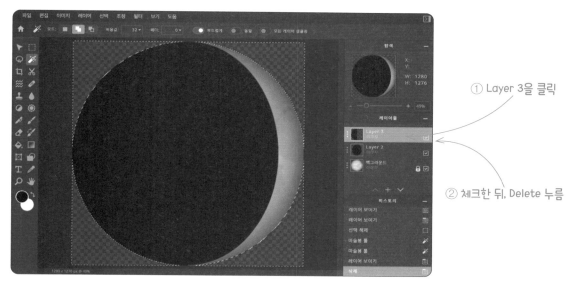

① Layer 3을 클릭

② 체크한 뒤, Delete 누름

11 완성한 금성의 위상 이미지는 PNG 형식으로 저장합니다. 이와 같은 과정으로 다른 위상 이미지도 만들어 봅시다.

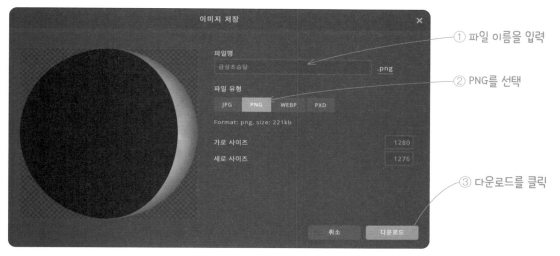

① 파일 이름을 입력

② PNG를 선택

③ 다운로드를 클릭

07 스프라이트 업로드하기

앞에서 만든 햇빛, 주전원, 막대 이미지를 스프라이트 패널로 등록해 봅시다.

[스프라이트 고르기]-[스프라이트 업로드하기]를
클릭한 뒤 대화상자가 나타나면 Pixlr에서 제작한
스프라이트를 불러옵니다.

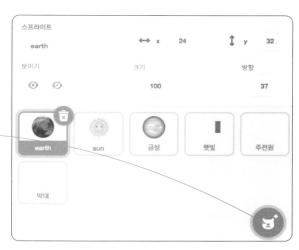

MISSION CODING

01 '지구의 위치'를 코딩하자

천동설을 바탕으로 한 금성의 위상 변화를 알아보기 위한 시뮬레이션 프로그램에서는 지구 스프라이트가 무대 가운데에 위치하여 움직이지 않으므로 간단하게 코딩해 봅시다.

1 **지구** 스프라이트를 선택하고 다음과 같이 블록을 연결해 무대의 중앙에 위치시킵니다.

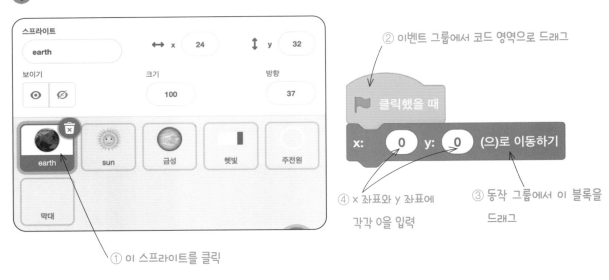

2 **지구** 스프라이트의 크기를 줄여줍니다.

① 지금까지 모양 탭에서 스프라이트의 크기를 줄였습니다. 이번에는 블록을 사용하여 스프라이트의 크기를 줄여봅시다. 지구의 크기를 원래 크기의 60%로 줄입니다.

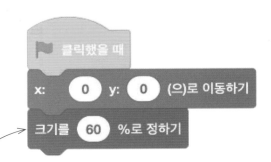

② 녹색 깃발을 눌러 프로그램을 실행하면 무대에서 지구 스프라이트의 크기가 줄어들고 지구 스프라이트는 무대의 가운데로 이동합니다.

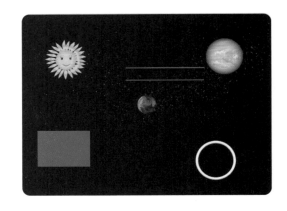

02 금성의 주전원을 코딩하자

금성의 주전원이 지구를 공전하는 모습을 표현하기 위해 무대에서 주전원 스프라이트가 지구 스프라이트를 중심으로 원을 그리며 이동하도록 코딩해 봅시다.

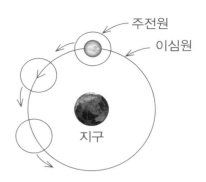

① **주전원** 스프라이트를 선택하고 시작 위치를 설정합니다. 프로그램이 시작될 때 지구로부터 80픽셀 떨어진 위치에서 시작되도록 합니다.

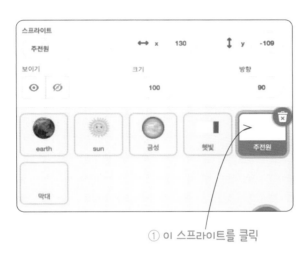

① 이 스프라이트를 클릭

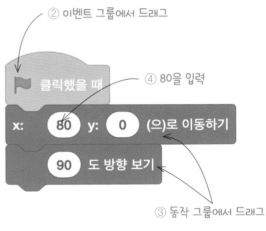

② 이벤트 그룹에서 드래그

클릭했을 때

④ 80을 입력

x: 80 y: 0 (으)로 이동하기

90 도 방향 보기

③ 동작 그룹에서 드래그

② 주전원이 무대에서 이심원을 만들도록 합니다.

주전원은 금성이 움직이는 궤도를 나타내는 작은 원입니다. 이심원은 금성의 주전원이 지구를 중심으로 공전할 때의 자취를 나타냅니다. 주전원이 지구를 중심으로 반시계 방향으로 공전하는 것을 나타내려면 다음과 같은 과정을 무한 반복하여 실행해야 합니다.

① 주전원이 지구의 위치로 이동
② 주전원 스프라이트가 시계 반대 방향으로 0.5° 회전
③ 80픽셀만큼 이동

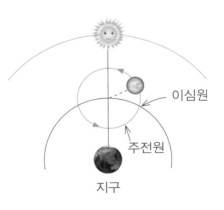

회전 각도가 주전원의 이동 속도를 결정하므로 0.5°씩 회전하도록 설정하여 금성의 이동 속도를 천천히 늦추어 금성의 위상 변화를 관찰하기 쉽도록 합니다.

3 무대에서 주전원이 공전할 수 있도록 블록을 연결
합니다.

① 주전원이 지구를 계속 공전할 수 있도록 **무한 반**
복하기 블록을 연결합니다. 주전원이 지구의 위
치로 이동하도록 다음과 같이 ~(으)로 이동하기
블록을 연결합니다.

① 제어 그룹에서 이 블록을 드래그

② 동작 그룹에서 이 블록을 드래그하여
연결한 뒤, 'earth'를 선택

② 지구 위치로 이동한 주전원이 반시계 방향으로 0.5°
회전하도록 블록을 연결합니다.

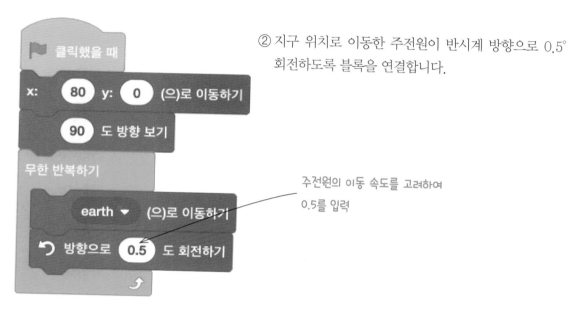

주전원의 이동 속도를 고려하여
0.5를 입력

③ 주전원을 지구로부터 80픽셀 이동시키기 위해 블록을
연결합니다.

80을 입력

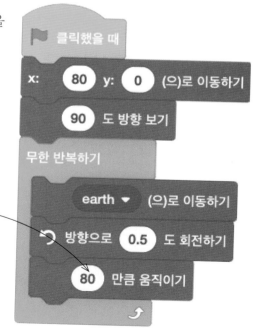

④ 무대에 주전원의 이동 경로를 표시하며 이심원을 그려 봅시다. 펜 색은 초록색, 펜 굵기는 1로 정합니다.

펜 관련 블록은 코드 영역에서 왼쪽 하단의 ■(확장 기능 추가하기)를 클릭한 뒤 확장 기능 고르기 창에서 펜을 선택하면 됩니다.

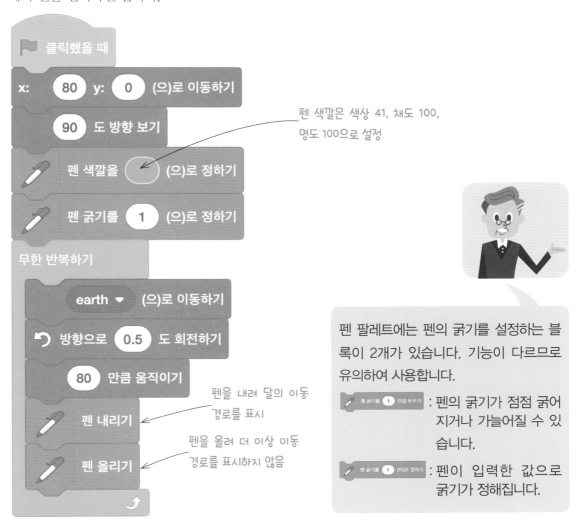

펜 색깔은 색상 41, 채도 100, 명도 100으로 설정

펜을 내려 달의 이동 경로를 표시

펜을 올려 더 이상 이동 경로를 표시하지 않음

펜 팔레트에는 펜의 굵기를 설정하는 블록이 2개가 있습니다. 기능이 다르므로 유의하여 사용합니다.

펜 굵기를 1 만큼 바꾸기 : 펜의 굵기가 점점 굵어지거나 가늘어질 수 있습니다.

펜 굵기를 1 (으)로 정하기 : 펜이 입력한 값으로 굵기가 정해집니다.

⑤ 프로그램을 실행해 금성의 주전원의 이동 경로를 확인합니다.

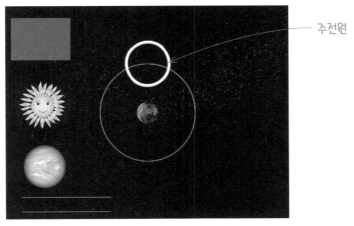

주전원

02 '태양의 공전'을 코딩하자

태양은 지구를 중심으로 공전하는 모습을 무대에서 표현하려고 합니다. 이때, 태양이 공전하는 속도는 금성의 주전원이 이심원을 그리는 속도와 동일합니다.

1 **태양** 스프라이트를 선택하고 다음과 같이 블록을 연결해 위치를 설정합니다.

천동설에 따르면 태양은 지구로부터 일정 거리만큼 떨어진 곳에서 공전합니다. 무대에서 태양이 지구로부터 150픽셀 떨어진 위치에 있도록 설정합니다.

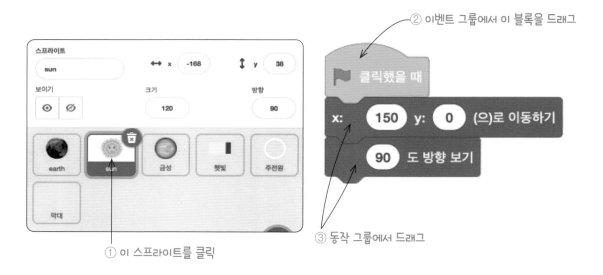

② 이벤트 그룹에서 이 블록을 드래그

③ 동작 그룹에서 드래그

① 이 스프라이트를 클릭

2 태양이 무대에서 공전하도록 설정합니다.

태양이 공전하는 방법은 금성의 주전원이 공전하는 방법과 동일합니다. 무대에서 태양이 지구를 중심으로 공전하는 것을 나타내려면 다음의 과정을 무한 반복하여 실행해야 합니다.

    ① 태양이 지구의 위치로 이동
    ② 태양 스프라이트가 시계 반대 방향으로 0.5° 회전
    ③ 150픽셀만큼 이동

3 무대에서 태양이 지구를 중심으로 공전할 수 있도록 블록을 연결합니다.

① 태양이 지구를 계속 공전할 수 있도록 **무한 반복하기** 블록을 연결합니다. 태양이 지구의 위치로 이동하도록 다음과 같이 **~(으)로 이동하기** 블록을 연결합니다.

① 제어 그룹에서 블록을 드래그

② 동작 그룹에서 블록을 연결한 뒤,
    'earth'를 선택

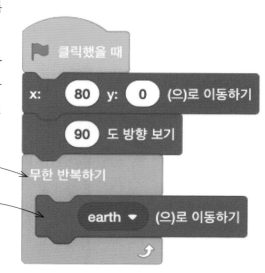

② 지구 위치로 이동한 태양이 시계 반대 방향으로
   0.5° 회전하도록 블록을 연결합니다.

```
클릭했을 때
x: 150  y: 0  (으)로 이동하기
90  도 방향 보기
무한 반복하기
    earth ▼  (으)로 이동하기
    ↺ 방향으로  0.5  도 회전하기
```

태양의 이동 속도를 고려하여
0.5를 입력

③ 태양을 지구로부터 150픽셀만큼 떨어진 곳에 자리잡을
   수 있도록 설정합니다.

```
클릭했을 때
x: 150  y: 0  (으)로 이동하기
90  도 방향 보기
무한 반복하기
    earth ▼  (으)로 이동하기
    ↺ 방향으로  0.5  도 회전하기
    150  만큼 움직이기
```

150을 입력

3 태양 스프라이트의 크기를 줄입니다.

태양 스프라이트를 원래 크기 그대로 사용하면 무대에
비해 태양의 크기가 커 다른 스프라이트에 영향을 줍
니다. 따라서 태양의 크기를 줄여봅시다.

형태 그룹에서 블록으로
드래그하고 80을 입력

```
클릭했을 때
x: 150  y: 0  (으)로 이동하기
90  도 방향 보기
크기를  80  %로 정하기
무한 반복하기
    earth ▼  (으)로 이동하기
    ↺ 방향으로  0.5  도 회전하기
    150  만큼 움직이기
```

5 프로그램을 실행해 지구를 중심으로 태
양이 공전하는지 확인합니다.

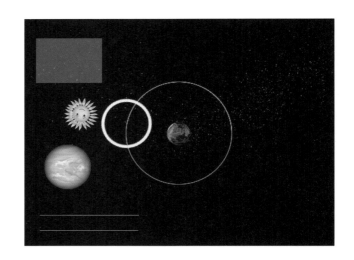

> 태양이 회전하면서 뒤집어진다면?

지금까지 만든 프로그램을 실행해 보면 위 실행 화면과 같이 무대에서 태양 스프라이트가 회전하
면서 뒤집히게 됩니다. 태양 스프라이트가 뒤집히지 않게 하려면 다음과 같이 스프라이트를 설정
해 봅시다.

① 태양 스프라이트를 클릭

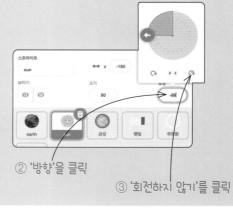

② '방향'을 클릭

③ '회전하지 않기'를 클릭

03 '금성의 궤도'를 코딩하자

금성은 이심원을 따라 움직이는 주전원 위를 회전합니다.

1 **금성** 스프라이트를 선택합니다.

스프라이트 목록에서 금성 스프라이트를 선택
합니다.

이 스프라이트를 클릭

2 금성의 시작 위치를 설정합니다. 프로그램이 시작될 때 지구로부터 120픽셀 떨어진 위치에서 시작되도록 합니다.

무대에서 금성 스프라이트는 지구 스프라이트로부터 120픽셀, 주전원 스프라이트의 중심으로부터 40픽셀 떨어진 위치에 오도록 설정합니다.

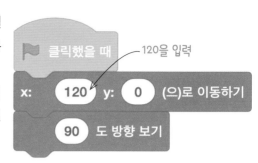

3 금성의 크기를 줄입니다.

지구를 60% 크기로 축소하였으므로 금성도 지구 크기에 맞춰 작아지도록 설정합니다. 실제로 금성의 크기는 지구의 약 0.9배입니다. 그런데 이 프로그램에서 지구의 크기를 60%로 줄였고 현 상태에서는 금성 스프라이트가 지구보다 크게 보이므로 크기를 40%로 축소합니다. 이 시뮬레이션에서 금성의 크기가 중요한 것이 아니므로 대략적인 비율로 설정합니다.

4 금성이 무대에서 이동하도록 설정합니다.

금성의 원 운동은 달의 공전 궤도 시뮬레이션에서 달의 움직임과 동일합니다. 시계 반대 방향으로 이동하는 주전원 스프라이트를 따라 금성이 원운동을 하도록 설정합니다.

　　① 금성이 주전원의 중심으로 이동
　　② 금성 스프라이트가 시계 반대 방향으로 2° 회전
　　③ 40픽셀만큼 이동(주전원 반지름 : 40픽셀)

5 금성이 주전원을 따라 계속 이동할 수 있도록 블록을 연결합니다.

　① 금성이 주전원의 중심으로 이동하도록 다음과 같이 ~(으)로 이동하기 블록을 연결합니다.

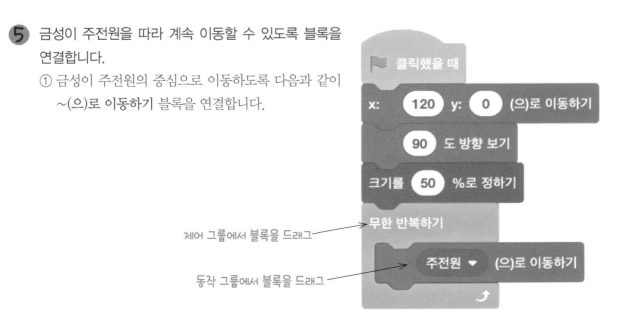

② 주전원의 중심으로 이동한 금성은 시계 반대 방향으로 2° 회전하도록 블록을 연결합니다.

③ 금성을 오른쪽으로 40픽셀 이동시키기 위해 블록을 연결합니다.

2를 입력

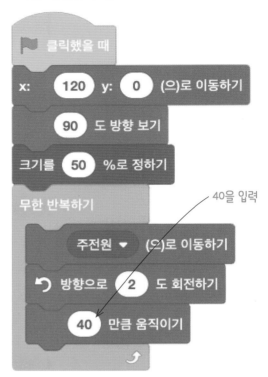

40을 입력

6 프로그램을 실행해 무대에서 금성이 주전원을 따라 제대로 이동하는지 확인합니다.

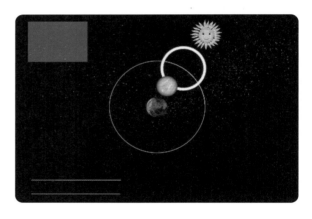

04 '햇빛'을 코딩하자

천동설대로라면 금성에는 햇빛이 닿는 부분과 닿지 않는 부분이 있습니다. 무대에서 이를 표현하기 위해 **햇빛** 스프라이트를 사용합니다.

1 **햇빛** 스프라이트를 선택합니다.

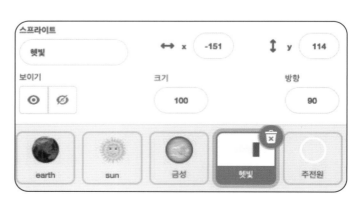

2 햇빛 스프라이트의 중심을 변경합니다.

스프라이트를 업로드하면 모든 스프라이트의 중심은 가운데로 설정되어 있습니다. 그러나 이 프로그램에서 햇빛은 한 쪽 끝은 태양에, 반대쪽 끝은 금성에 있어야 합니다. 햇빛은 태양에서 시작하여 금성을 비추도록 할 것이므로 중심을 흰색 부분 테두리의 가운데로 이동시킵니다.

① 모양 탭을 클릭

③ '선택'을 클릭

④ 왼쪽 테두리 가운데 위치로 드래그

② 백터로 바꾸기 버튼을 클릭

3 햇빛의 시작 위치를 설정합니다.

햇빛은 태양에서 시작하여 금성을 비춥니다. 따라서 항상 태양의 위치에 있도록 합니다. 햇빛은 태양의 움직임을 항상 따라가야 하므로 늘 태양의 위치에 블록을 연결합니다.

'sun'을 선택

4 무대에서 햇빛이 금성을 비출 수 있도록 블록을 연결합니다.

5 프로그램을 실행해 태양에서 금성으로 햇빛을 비출 때 어떤 모습인지 확인합니다.

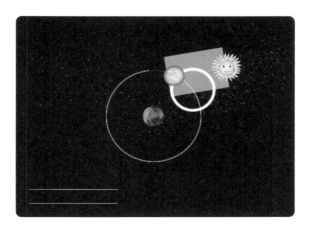

그런데 프로그램이 뭔가 이상하지 않나요?

금성 스프라이트의 반은 햇빛 스프라이트와 겹쳐져야 하고 나머지 반은 햇빛 스프라이트가 영향을 미치지 않아야 금성에서 밝은 곳과 어두운 곳을 구분할 수 있습니다. 하지만 햇빛 스프라이트가 그 역할을 충분히 하지 못하고 있습니다. 왜 그럴까요? 먼저, 이 프로그램에서 현재 태양과 금성 사이의 거리가 일정하지 않고 지속적으로 변하기 때문입니다. 햇빛 스프라이트를 수정해 태양과 금성 간의 거리가 멀어지면 길어져야 하고, 거리가 짧아지면 짧아져야 합니다. 또한, 현재 햇빛 스프라이트가 태양이나 금성 스프라이트보다 뒤에 위치하므로 태양이나 금성보다 앞으로 나오도록 배치하여 반투명한 햇빛 스프라이트가 제 역할을 할 수 있도록 설정해야 합니다.

6 햇빛의 크기가 태양과 금성 간의 거리에 비례하도록 수정합니다.

이를 해결하기 위하여 태양과 금성 간의 거리를 저장하는 변수를 만듭니다. 그리고 그 변수에 저장된 값을 햇빛의 크기로 변환합니다.

① 태양과 금성 간의 거리를 저장하는 변수를 만듭니다. 이때, 변수는 어느 스프라이트에서 만들어도 상관없습니다.

변수란 무엇일까?

프로그램이 실행되는 동안 변수는 숫자나 문자 등을 임시로 저장해두는 장소라 할 수 있습니다. 변수는 물품보관함과 같은 역할을 합니다. 우리가 물품보관함에 잠시 짐을 보관했다가 필요할 때 짐을 찾는 것처럼 컴퓨터에서는 변수가 이와 같은 역할을 합니다. 이 프로그램에서는 태양과 금성 간의 거리를 잠시 저장해두었다가 필요할 때 꺼내 쓸 수 있습니다.

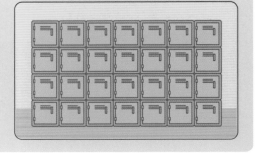

② 태양과 금성 간의 거리를 측정해야 하므
로 태양 스프라이트를 선택합니다.

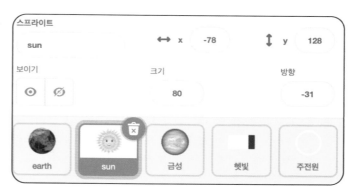

③ 무대에서 태양과 금성 간의 거리를 체크하여 **태양-금성 거리** 변수에 저장할 수 있도록 다음과 같이 블
록을 연결합니다. 코드 영역에 기존 프로그램 외에 새로운 코드 블록들을 연결합니다.

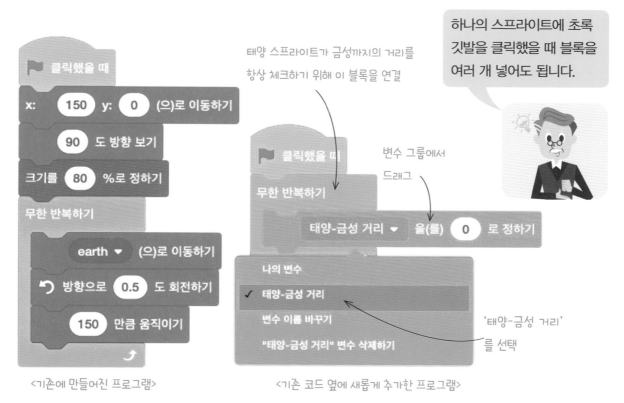

하나의 스프라이트에 초록
깃발을 클릭했을 때 블록을
여러 개 넣어도 됩니다.

태양 스프라이트가 금성까지의 거리를
항상 체크하기 위해 이 블록을 연결

변수 그룹에서
드래그

'태양-금성 거리'
를 선택

<기존에 만들어진 프로그램>　　　　　<기존 코드 옆에 새롭게 추가한 프로그램>

④ 태양과 금성 간의 거리를 알고
있는 블록을 다음과 같이 삽입
합니다.

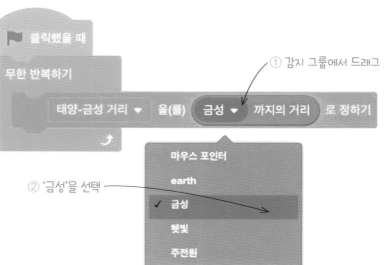

① 감지 그룹에서 드래그

② '금성'을 선택

⑤ 무대에서 햇빛 스프라이트는 다음과 같이 태양과 금성의 거리에 따라 그 크기가 확대되거나 축소되어야 합니다.

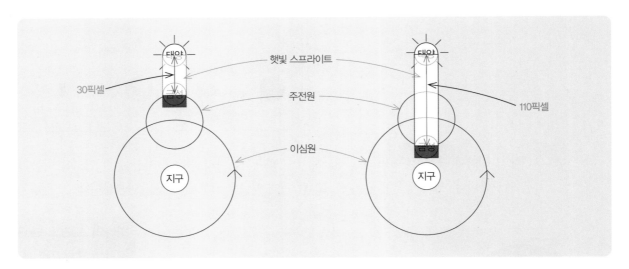

무대에서 태양과 금성이 가장 가까울 때, 태양과 금성 간의 거리가 30픽셀이라면 햇빛 스프라이트의 밝은 부분도 30픽셀이 되어야 하므로 30%로 축소되어야 합니다.

무대에서 태양과 금성이 가장 멀 때, 태양과 금성 간의 거리가 110픽셀이라면 햇빛 스프라이트의 밝은 부분도 110픽셀이 되어야 하므로 110%로 확대되어야 합니다.

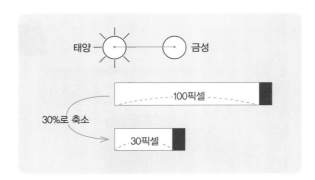

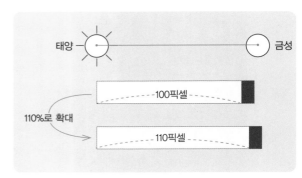

⑥ 햇빛 스프라이트를 선택하고 **형태** 그룹의 **크기를 ~%로 정하기** 블록을 추가합니다.

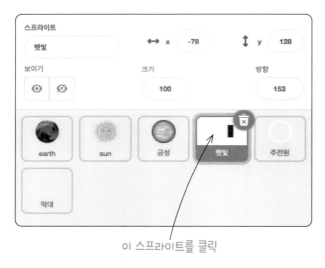

이 스프라이트를 클릭

형태 그룹에서 블록을 드래그

⑦ **변수** 그룹에서 **태양-금성 거리** 블록을 다음과 같이 삽
입하여 **태양-금성 거리** 변수를 햇빛 스프라이트의 크
기로 설정합니다.

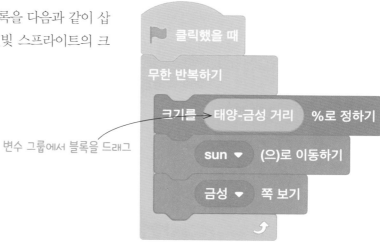

변수 그룹에서 블록을 드래그

⑧ 무대에 표시되는 변수를 숨깁니다.

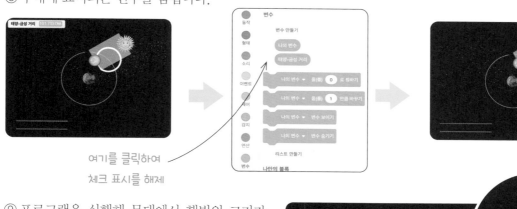

여기를 클릭하여
체크 표시를 해제

⑨ 프로그램을 실행해 무대에서 햇빛의 크기가
태양과 금성 간 거리에 따라 제대로 변경되
는지 확인합니다. 햇빛 스프라이트의 밝은
부분과 어두운 부분이 금성의 절반씩 차지하
는것을 확인할 수 있습니다.

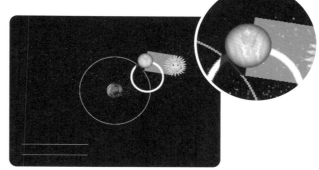

7 무대에서 햇빛 스프라이트가 금성 스프라이트보다
앞에 배치되도록 설정합니다.
햇빛 스프라이트가 맨 앞에 배치되면 금성에 밝은 부
분과 어두운 부분을 명확히 알 수 있습니다.

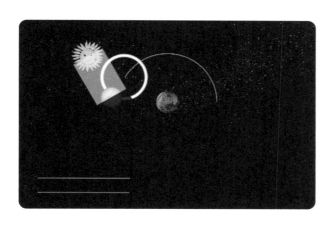

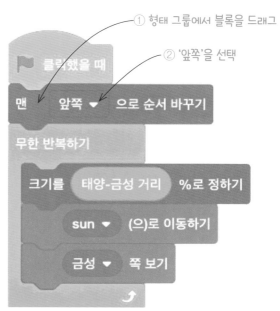

① 형태 그룹에서 블록을 드래그
② '앞쪽'을 선택

05 '막대 스프라이트'를 코딩하자

지구에서 금성을 바라봤을 때 금성의 위상이 어떤 모양을 하고 있는지 무대에서 확인하기 쉽도록 막대 스프라이트를 이용하여 안내선의 역할을 하도록 합니다.

1 **막대** 스프라이트의 중심을 변경합니다.

막대 스프라이트는 지구에서 금성까지 이어져야 하므로 중심이 막대의 가운데가 아니라 막대의 왼쪽 끝에 있어야 합니다.

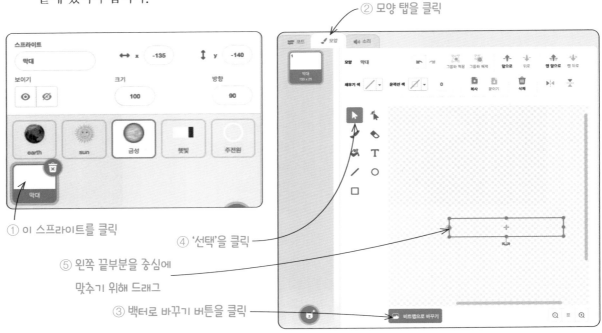

② 모양 탭을 클릭

① 이 스프라이트를 클릭

④ '선택'을 클릭

⑤ 왼쪽 끝부분을 중심에 맞추기 위해 드래그

③ 백터로 바꾸기 버튼을 클릭

2 막대의 시작 위치를 설정합니다.

막대는 지구에서 금성을 바라볼 때의 모습을 안내하는 역할을 하므로 지구의 위치에서 시작해야 합니다.

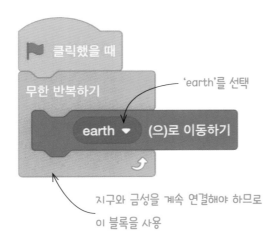

'earth'를 선택

지구와 금성을 계속 연결해야 하므로 이 블록을 사용

3 막대가 금성을 가리키도록 설정합니다.

'금성'을 선택

06 '금성의 위상'을 코딩하자

Pixlr를 이용해서 만든 여러 개의 금성 위상 이미지를 스프라이트로 등록하고 금성의 공전에 맞춰서 변하도록 만들어 봅시다.

① 위상 이미지 중 하나를 스프라이트로 업로드한 뒤, 스프라이트 이름을 **금성 위상**으로 수정합니다.

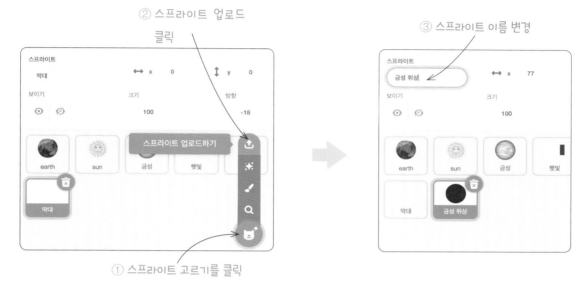

② 나머지 위상의 이미지도 업로드합니다.

모양 탭에서 나머지 위상 이미지들을 모양으로 업로드합니다. 금성 스프라이트에 여러 위상이 모양으로 생기는 것입니다.

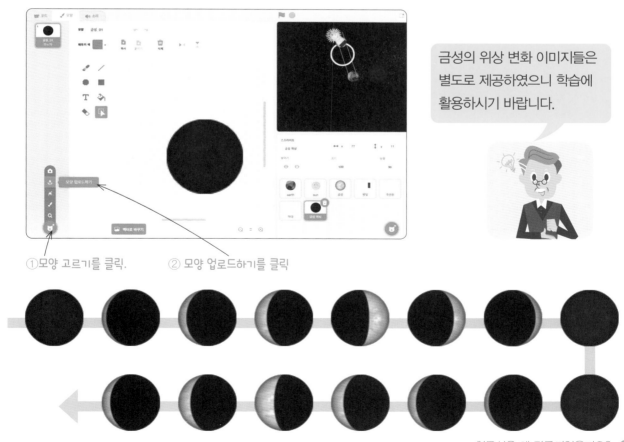

금성의 위상 변화 이미지들은 별도로 제공하였으니 학습에 활용하시기 바랍니다.

③ 모양을 모두 업로드한 뒤, 무대에서 **금성 위상** 스프라이트를 다음과 같이 위치시킵니다.

금성의 위상을 여기에 배치합니다.

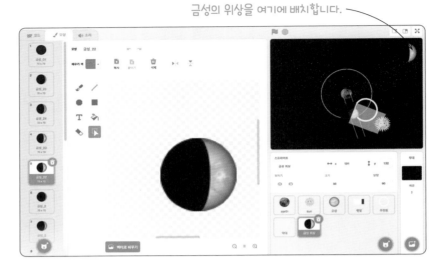

④ 금성의 공전에 맞추어 금성 위상 스프라이트의 모양이 변하도록 블록을 설정합니다.

① 프로그램이 시작될 때 금성의 초기 위상을 설정합니다.

② 금성의 위상이 지속적으로 변하도록 설정합니다.

형태 그룹에서 블록을 드래그

'금성_1'을 선택

금성 위상 모양이 바뀌는 것을 반복하기 위해 연결

모양 탭에 업로드한 순서대로 금성 위상이 바뀜

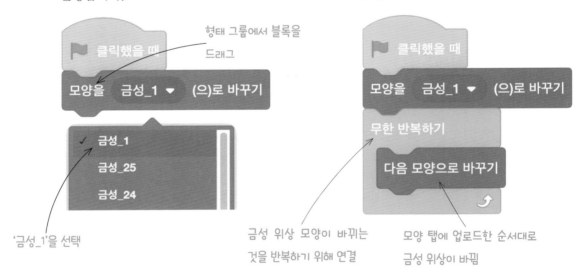

③ 위상이 변하는 속도를 설정합니다. 금성의 위상이 변하는 속도를 0.5초로 설정하면 금성의 공전 속도와 맞아 떨어집니다.

제어 그룹에서 드래그

0.5를 입력

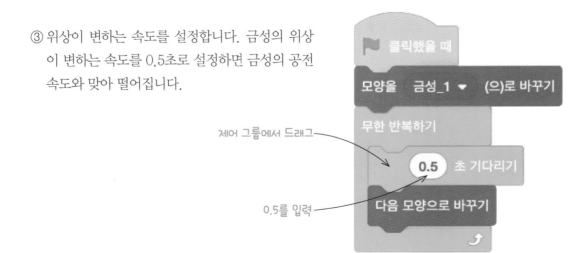

5 지구에서 금성의 거리에 따라 위상의 크기도 변할 수 있도록 설정합니다.

지구와 금성이 가까울 때에는 지구에서 보는 금성이 크게 보입니다. 반대로 지구와 금성이 멀 때에는 금성이 작게 보입니다. 따라서 위상의 크기는 지구와 금성의 거리에 따라 크기가 달리 보이도록 설정합니다.

① 지구에서 금성까지의 거리를 저장하는 변수를 만듭니다. 지구 스프라이트를 클릭해 '지구-금성 거리'의 이름으로 변수를 만듭니다.

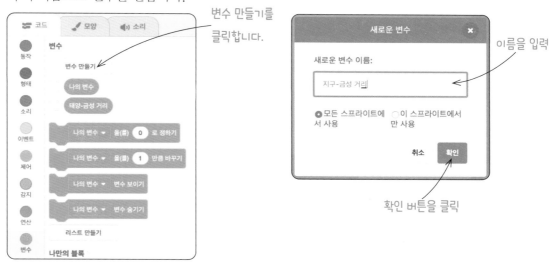

② 생성한 변수에 지구와 금성 간의 거리가 저장되도록 설정합니다.

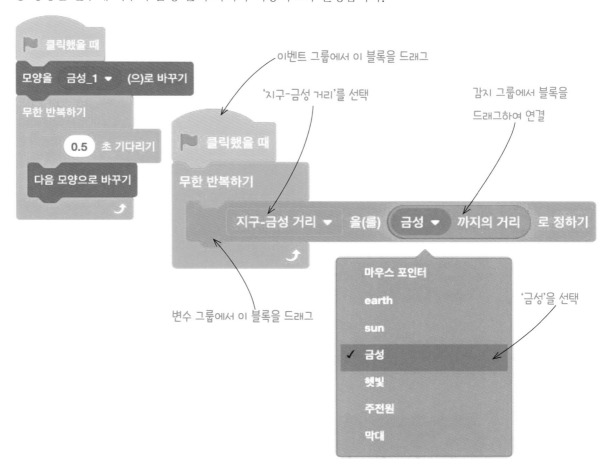

6 지구에서 금성의 거리에 따라 위상 스프라이트의 크기가 변하도록 계산하는 블록을 연결합니다.

금성 위상 스프라이트의 크기는 다음 2가지로 결정합니다.

- 지구에서 금성까지 가장 멀 때의 거리는 120픽셀입니다. 금성이 가장 작게 보이는 거리로 원래 금성 위상 크기의 60%가 되도록 설정합니다.
- 지구에서 금성까지 가장 가까울 때의 거리는 40픽셀입니다. 금성이 가장 크게 보이는 거리로 원래 금성 위상 크기의 100% 크기로 보이도록 설정합니다.

이에 따라 금성 위상의 크기는 비례식을 이용하여 다음과 같은 공식으로 조절할 수 있습니다.

$$\frac{120-(\text{지구와 금성 간 거리})}{2} + 60$$

이 식에 따르면, 지구에서 금성까지 거리가 120픽셀일 때에는 $\frac{(120-120)}{2} + 60$ 이므로 금성 위상이 원래 크기의 60%로 보입니다. 또한 지구에서 금성까지 거리가 40픽셀일 때에는 $\frac{(120-40)}{2} + 60 = 100$ 이므로 금성 위상이 원래 크기의 100%로 보입니다.

① **금성 위상** 스프라이트를 선택하고 **형태** 그룹의 **크기를 ~%로 정하기** 블록을 추가합니다.

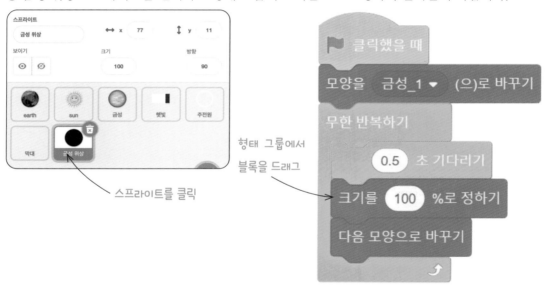

스프라이트를 클릭

형태 그룹에서
블록을 드래그

② **연산** 그룹의 '−'과 '÷', '+' **연산** 블록을 이용해서 다음과 같이 금성 위상의 크기를 조절하는 식을 만듭니다.

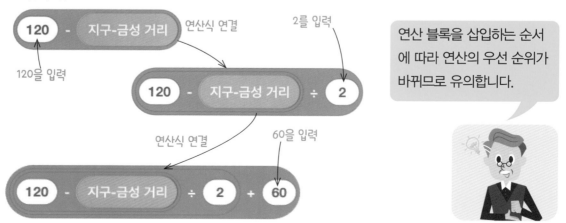

120을 입력

연산식 연결

2를 입력

연산식 연결

60을 입력

연산 블록을 삽입하는 순서에 따라 연산의 우선 순위가 바뀌므로 유의합니다.

③ 완성한 연산식을 **크기를 ~%로 정하기** 블록 안에 넣어 블록을 완성합니다.

연산식을 드래그하여 연결

⑦ 프로그램을 실행하여 금성의 위상이 변하고 지구와 금성 간 거리에 따라 금성의 크기가 달라지는지 확인합니다.

천동설에 따라 지구에서 바라보는 금성의 위상이 초승달과 그믐달의 형태로만 나타나게 됨을 알 수 있습니다. 그러나 실제 금성의 위상은 초승달과 그믐달의 모습뿐만 아니라 반달이나 보름달로도 관측되므로 금성의 위상 변화를 근거로 천동설이 잘못되었다는 것을 알 수 있습니다.

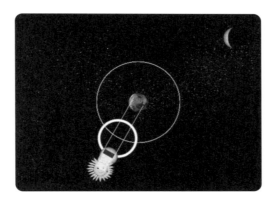
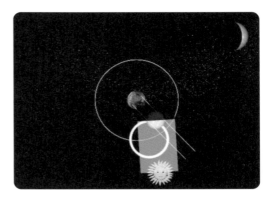

UPGRADE SCIENCE

천동설이 잘못되었다는 또 다른 과학적 근거가 있나요?

지동설에서는 태양이 금성을 완전히 비추는 보름달 모양의 금성의 위상을 금성, 태양, 지구가 일직선이 되면 볼 수 있습니다. 천동설에서는 금성이 태양보다 항상 가까운 위치에 있기 때문에 지구, 금성, 태양이 일직선이 되더라도 금성이 태양을 가리기 때문에 보름달 모양의 위상을 볼 수가 없습니다. 그믐달 형태의 위상만 보일 뿐입니다. 이러한 점으로 보았을 때, 천동설이 잘못되었다는 것을 알 수 있습니다.

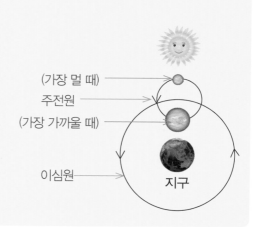

SCRATCH BLOCK

동작 그룹		
10 만큼 움직이기	스프라이트가 입력한 픽셀만큼 이동하도록 합니다.
↻ 방향으로 15 도 회전하기	스프라이트가 입력한 숫자 각도만큼 시계 반대 방향으로 회전하도록 합니다.
90 도 방향 보기	스프라이트의 진행 방향을 설정합니다. 90°는 오른쪽, 180°는 아래쪽, −90°는 왼쪽, 0°는 위쪽을 나타냅니다.
마우스 포인터 ▼ 쪽 보기	마우스 포인터나 다른 스프라이트를 향하도록 설정할 수 있습니다.
x: 0 y: 0 (으)로 이동하기	스프라이트가 입력한 x좌표와 y좌표로 이동하도록 합니다.
무작위 위치 ▼ (으)로 이동하기	스프라이트가 특정 위치로 이동하도록 합니다. 이동 위치는 무작위 위치, 마우스 포인터, 다른 스프라이트 중 선택할 수 있습니다.

형태 그룹		
모양을 모양 2 ▼ (으)로 바꾸기	스프라이트의 모양을 선택한 모양으로 바꿀 수 있습니다.
다음 모양으로 바꾸기	스프라이트의 모양을 현재 모양에서 다음 모양으로 바꿀 수 있습니다.
맨 앞쪽 ▼ 으로 순서 바꾸기	스프라이트가 다른 스프라이트보다 앞이나 뒤쪽으로 보이도록 순서를 바꿀 수 있습니다.

크기를 100 %로 정하기	스프라이트의 크기를 설정한 비율로 변경할 수 있습니다.

펜 그룹

펜 내리기	스프라이트가 이동하는 경로를 따라 펜을 내려 그립니다.
펜 올리기	펜을 올려 스프라이트의 이동 경로를 따라 그리는 것을 멈춥니다.
펜 굵기를 1 (으)로 정하기	펜의 굵기를 설정합니다.
펜 색깔을 (으)로 정하기	펜의 색깔을 설정합니다.
모두 지우기	무대에서 펜을 사용한 흔적을 모두 지웁니다.

연산 그룹

◯ - ◯	빈칸에 입력한 두 수의 뺄셈을 실행합니다.
◯ ÷ ◯	빈칸에 입력한 두 수의 나눗셈을 실행합니다.
◯ + ◯	빈칸에 입력한 두 수의 덧셈을 실행합니다.

감지 그룹

마우스 포인터 ▼ 까지의 거리	스프라이트로부터 설정한 위치나 스프라이트까지의 거리를 구합니다. 마우스 포인터, 다른 스프라이트 중에서 설정할 수 있습니다.

변수 그룹

지구-금성 거리 ▼ 을(를) 0 로 정하기	이 블록에 입력된 수가 변수에 저장됩니다.
지구-금성 거리	변수를 만들면 변수 블록이 생성됩니다. 이 블록에 저장된 변수값을 활용할 수 있습니다.

제어 그룹

무한 반복하기	블록 내부에 삽입된 다른 블록을 무한 반복하여 실행합니다.
1 초 기다리기	다음 블록이 실행되기 전까지 입력한 시간만큼 기다리도록 만듭니다.

이벤트 그룹

클릭했을 때	무대 위의 녹색 깃발을 클릭하였을 때, 이 블록 아래에 있는 코드가 실행되도록 합니다.

왜 지동설이 옳다는 것일까요?

지동설은 태양이 움직이지 않고 지구가 태양의 주변을 공전하는 이론이죠?

맞아. 지동설은 코페르니쿠스가 처음으로 주장했지. 그 당시 우주를 설명하는 단 하나의 이론은 천동설이였단다.

앞서 천동설은 사실이 아니라는 것을 알 수 있었어요.
그런데 천동설의 반대 이론인 지동설을 찾아보니 갈릴레이 이야기가 많이 나오던데요?

맞아. 천동설이 지배적이다보니 코페르니쿠스의 지동설은 사람들에게 받아들여지지 않았고 시간이 흐르면서 지동설의 존재는 잊혀져 갔어. 하지만 100여 년이 지나서 갈릴레이가 망원경을 통해 행성을 관찰하기 시작하면서 갈릴레이는 달의 분화구도 발견했고, 목성의 위성도 찾았지. 그리고 금성의 위상 변화를 관찰하기 시작했어. 금성을 관찰하던 갈릴레이는 천동설로는 관찰되는 금성의 위상을 모두 설명할 수 없다는 것을 깨닫게 된거지.

제가 천동설에서의 금성의 위상 시뮬레이션을 했을 때 깨달았던 것처럼 갈릴레이도 같은 점을 깨달았었군요!

그렇다면 지동설을 바탕으로 할 때, 지구에서 금성이 어떻게 보일까? 갈릴레이가 관찰한 금성의 위상들은 어떤 것이었을까?

엄마, 이번에도 시뮬레이션을 만들어 봐야겠어요!

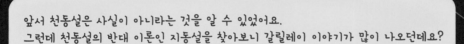

MISSION GUIDE

지동설에서의 금성의 위상 변화를 알아보기 위한 시뮬레이션 프로그램을 만들어 보려고 합니다. 시뮬레이션 프로그램을 만들기 위해 무엇이 필요할까요? 그리고 어떤 과학 지식이 필요할까요?

지동설이란 무엇일까?

지동설은 다음 그림과 같이 태양을 중심으로 행성이 공전한다는 이론입니다. 지구를 중심으로 우주가 회전한다는 이론인 천동설을 깨뜨린 이론입니다.

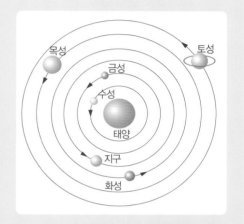

지동설에서 지구와 금성은 다음과 같은 특징을 가지고 있습니다.

ⓐ 태양은 움직이지 않습니다.

ⓑ 금성은 지구보다 태양에 가까이 있는 내행성입니다.

ⓒ 지구와 금성은 태양 주위를 반시계 방향으로 공전합니다.

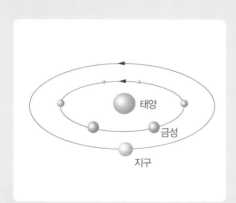

01 스프라이트와 배경을 준비합니다.

필요한 스프라이트를 준비합니다. 만약 스프라이트 저장소에 없거나 검색이 어려운 이미지는 직접 그립니다.

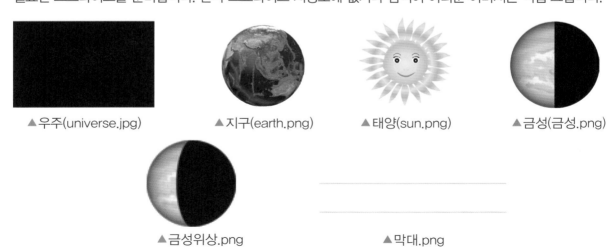

▲우주(universe.jpg)　　▲지구(earth.png)　　▲태양(sun.png)　　▲금성(금성.png)

▲금성위상.png　　　　　　　▲막대.png

02 태양을 무대에 위치시킵니다.

- 지동설에서 우주의 중심은 태양입니다. 태양은 회전하지도 않고 이동하지도 않습니다. 또한 이 시뮬레이션 프로그램에서 태양은 중심을 나타내는 스프라이트로, (0, 0)에 위치합니다.

03 지구가 태양을 중심으로 공전하도록 합니다.

- 지구는 태양에서 1AU 만큼 떨어져 있습니다.
- 지구는 태양을 중심으로 반시계 방향으로 공전합니다.

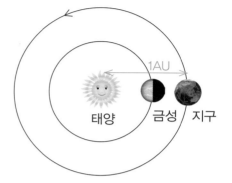

04 금성이 태양을 중심으로 공전하도록 합니다.

- 금성은 태양에서 0.7AU 만큼 떨어져 있습니다.
- 금성은 지구와 마찬가지로 태양을 중심으로 반시계 방향으로 공전합니다.

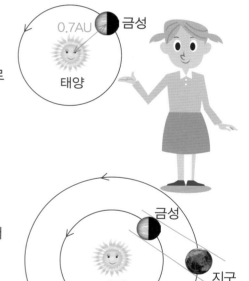

05 지구와 금성을 막대로 연결합니다.

- 지구와 금성을 막대 스프라이트를 이용해 연결합니다.
- 햇빛이 비치는 방향에 따라 변하는 금성의 모습을 지구에서 어떻게 보이는지 확인할 수 있습니다.

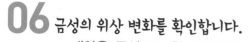

06 금성의 위상 변화를 확인합니다.

- 태양을 중심으로 한 지구와 금성의 공전에 따라 지구에서 보이는 금성의 모습이 어떠한지 완성한 시뮬레이션 프로그램을 실행하여 확인해 봅시다.

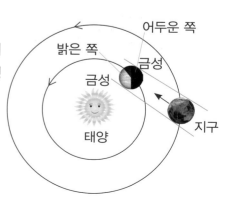

MISSION START

01 스프라이트와 배경 불러오기

태양 스프라이트, **지구** 스프라이트, **우주** 배경을 저장소 또는 내 폴더에서 불러와서 사용할 수 있습니다.

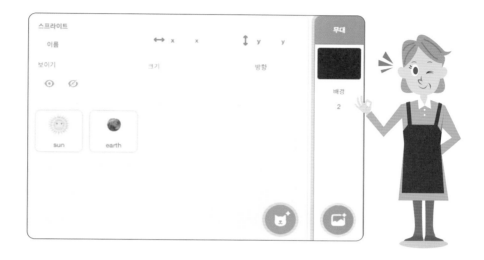

02 금성 스프라이트 제작하기

지동설에서 금성은 태양을 중심으로 공전하기 때문에 태양이 비추는 절반은 밝고, 태양이 비추지 않는 나머지 반쪽은 어둡습니다. 따라서 금성 이미지를 편집하여 금성의 절반을 어둡게 만들어 봅시다.

1 Pixlr(https://Pixlr.com/krpixlr.com 사이트에 접속하여 저장된 금성 이미지를 불러옵니다.

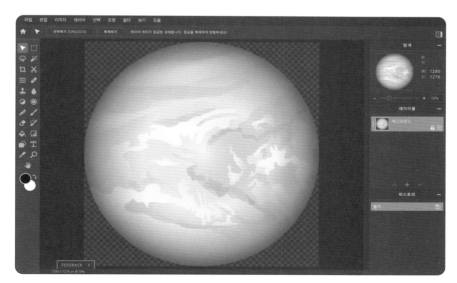

③ 레이어들 패널을 이용해서 금성 이미지 위에 투명한 새로운 레이어를 추가합니다.

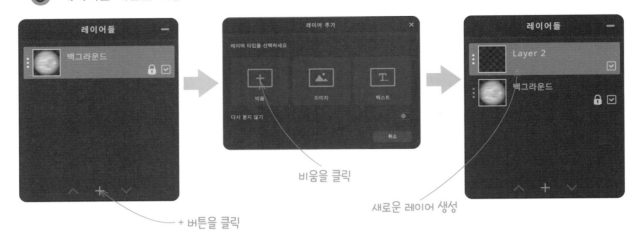

④ Layer 2에 금성 이미지 안에 다음과 같이 사각형을 그려봅시다.

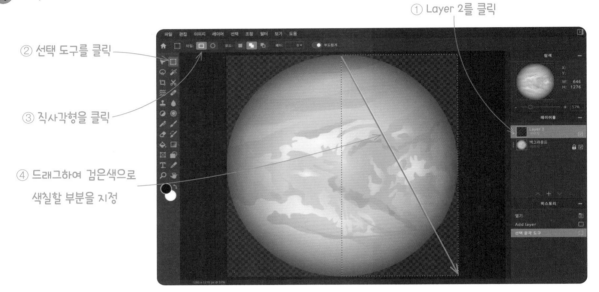

⑤ 페인트통 도구를 이용하여 선택된 사각형을 검은색으로 칠합니다.

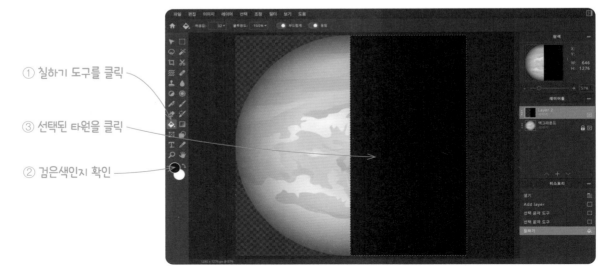

6 금성을 반달로 만들기 위하여 금성 이미지가 있는 백그라운드 레이어를 선택하고 Layer 2를 숨깁니다. 마술봉 도구를 사용해 금성 이외의 부분을 선택합니다.

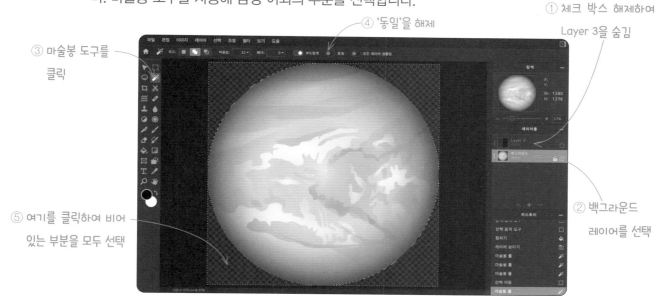

③ 마술봉 도구를 클릭

④ '동일'을 해제

① 체크 박스 해제하여 Layer 3을 숨김

② 백그라운드 레이어를 선택

⑤ 여기를 클릭하여 비어 있는 부분을 모두 선택

7 Layer 2에서 선택된 영역에 Delete 키를 눌러 검은색 부분을 삭제하여 반달 모양의 금성 이미지를 완성합니다.

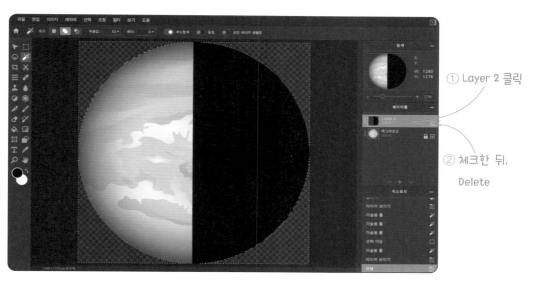

① Layer 2 클릭

② 체크한 뒤, Delete

8 파일을 PNG 형식으로 저장합니다.

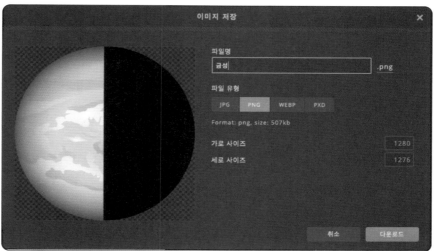

03 막대 스프라이트 제작하기

막대는 지구에서 보이는 금성을 가리키는 역할을 합니다. 앞서 사용했던 막대 스프라이트와 마찬가지로 금성의 위상이 어떤 모양을 하고 있는지 쉽게 확인할 수 있도록 돕는 안내선입니다. 이 막대 스프라이트의 길이는 240 픽셀이고, 선과 선 사이의 거리는 40픽셀로 설정합니다.

1 Pixlr에서 막대 이미지를 불러옵니다.

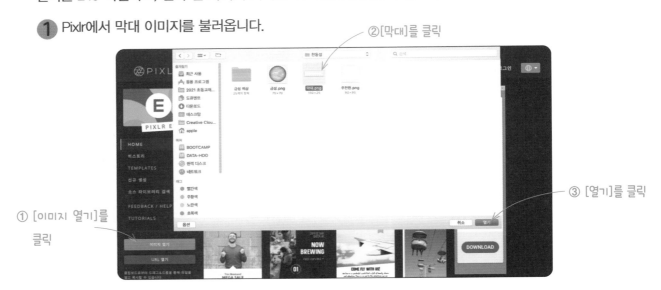

② [막대]를 클릭

③ [열기]를 클릭

① [이미지 열기]를 클릭

2 막대 이미지의 크기를 크게 변경합니다.

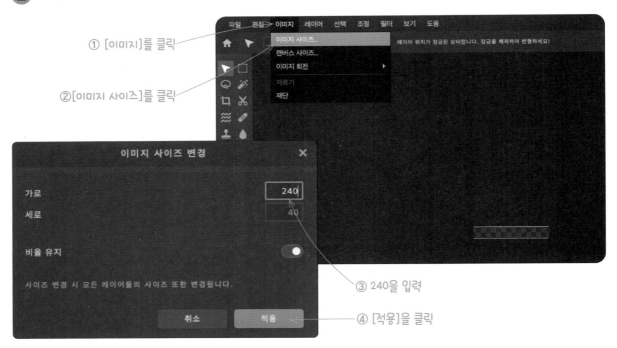

① [이미지]를 클릭

②[이미지 사이즈]를 클릭

③ 240을 입력

④ [적용]을 클릭

04 금성의 위상 제작하기

프로그램이 실행되는 동안 무대 오른쪽 상단에 금성의 위상 변화를 알 수 있도록 금성의 위상 스프라이트를 만들어 봅시다.

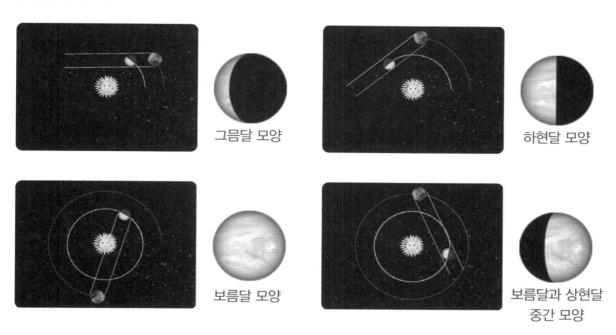

그믐달 모양

하현달 모양

보름달 모양

보름달과 상현달
중간 모양

지동설에서 금성의 위상은 아래와 같은 순서로 보입니다.

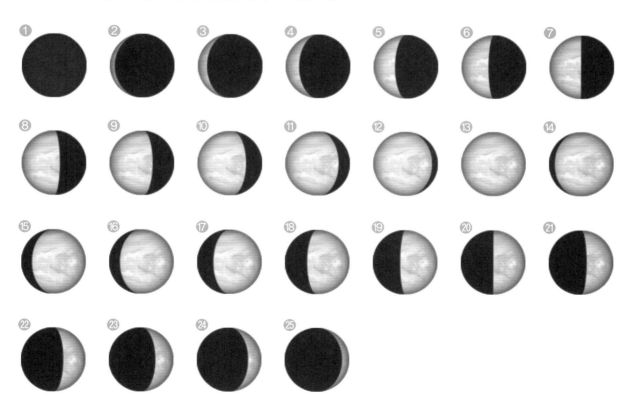

1 Pixlr에서 금성 이미지를 불러옵니다.

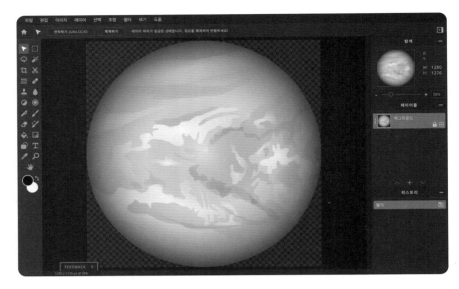

2 레이어들 패널을 이용해서 금성 이미지 위에 투명한 새로운 레이어를 추가합니다.

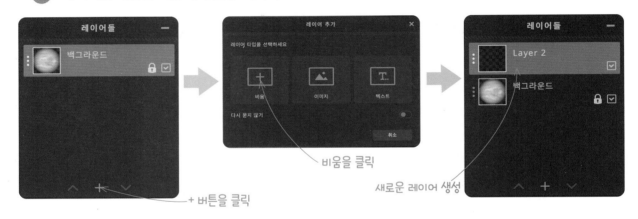

어떤 모양의 금성 위상들을 만들어야 하나요?

앞서 천동설에서는 제작한 금성의 위상 이미지들을 포함하여 지동설에서는 보름달 모양, 반달 모양 등을 만들어 사용할 것 입니다. 천동설보다 더 많은 금성의 위상 이미지를 제작하여 보다 자세하게 금성이 변하는 모습을 탐구할 수 있을 것입니다.

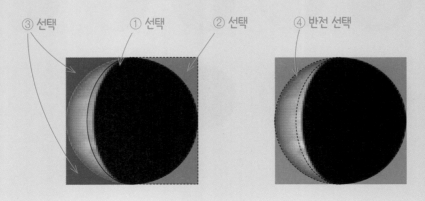

3 금성 이미지 안에 다음과
같이 타원을 그려 봅시다.

① 선택 도구를 클릭

② 타원을 선택

③ 드래그하여 타원으로
선택

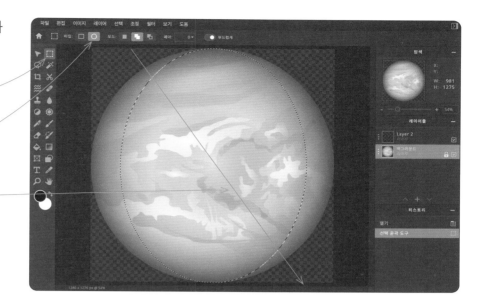

4 타원 안에 다음과 같이 드
래그하여 사각형을 그려
봅시다.

① 직사각형을 선택

② 선택 추가를 클릭하거나
[Shift] 키를 누름

③ 드래그하여 사각형을
추가

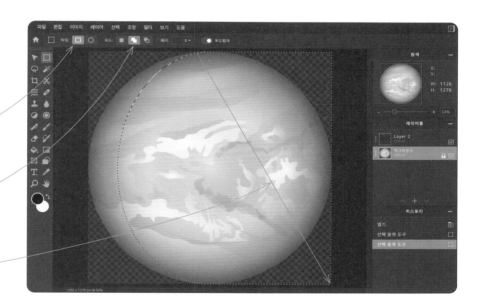

① 백그라운드 레이어를 클릭

5 마술봉 도구를 이용해서
금성의 왼쪽 바깥 부분을
선택 니다.

② 마술봉 도구를 클릭

③ 선택 추가를 클릭하거나
[Shift] 키를 누름

④ 클릭하여 선택 영역을 추가

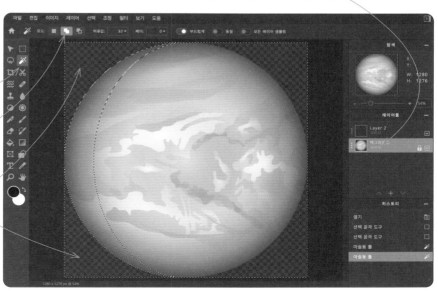

6 선택 영역을 반대로 뒤집
어 줍니다.

① 선택 메뉴를 클릭

② 반전 선택을 클릭

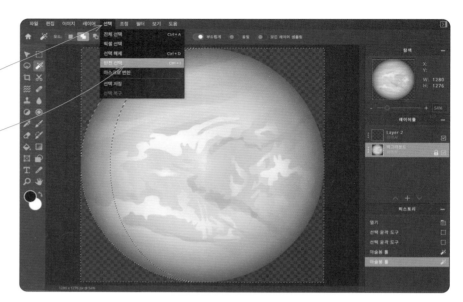

① Layer 2를 클릭

7 페인트통 도구를 이용하여
선택 영역을 검은색으로
칠합니다.

③ 페인트 통 도구를 클릭

④ 선택 영역을 클릭

② 검은색 선택

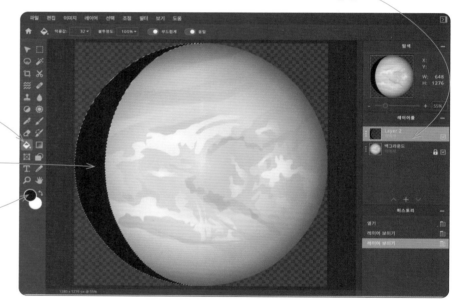

8 완성한 이미지는 PNG 형
식으로 저장합니다. 이와
같은 과정으로 다른 금성
의 위상을 만들어 봅시다.

① 파일 이름을 입력

② 다운로드를 클릭

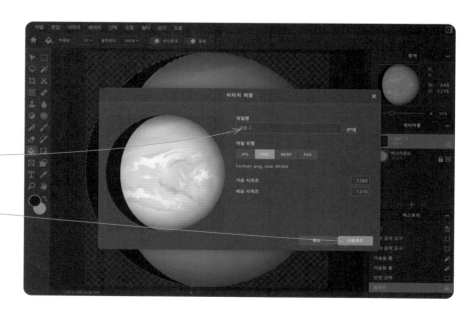

MISSION CODING

01 '태양의 위치'를 코딩하자

지동설에서는 태양을 중심으로 행성들이 공전합니다. 그러므로 이 시뮬레이션 프로그램에서는 태양 스프라이트가 무대 가운데에 간단하게 코딩해 봅시다.

① **태양** 스프라이트를 선택하고 다음과 같이 블록을 연결해 무대의 중앙에 위치시킵니다.

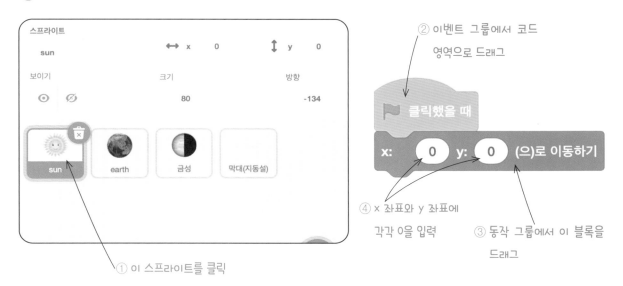

02 '지구의 공전'을 코딩하자

무대에서 지구 스프라이트를 태양 스프라이트와 일정 거리만큼 위치시키고, 태양을 중심으로 공전하도록 코딩해 봅시다.

① **지구** 스프라이트를 선택하고 시작 위치를 설정합니다. 프로그램이 시작될 때 태양으로부터 150픽셀 떨어진 위치에서 시작되도록 합니다.

이 프로그램에서는 태양에서 지구까지의 거리인 1AU를 임의로 150픽셀로 설정합니다.

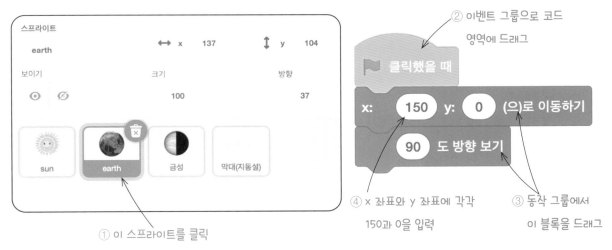

2 지구가 무대에서 공전하도록 설정합니다.

지구가 공전하는 것을 나타내기 위해서는 다음의 과정을 무한 반복하도록 합니다.

① 지구가 태양의 위치로 이동

② 지구 스프라이트가 시계 반대 방향으로 0.5° 회전

③ 150픽셀만큼 이동

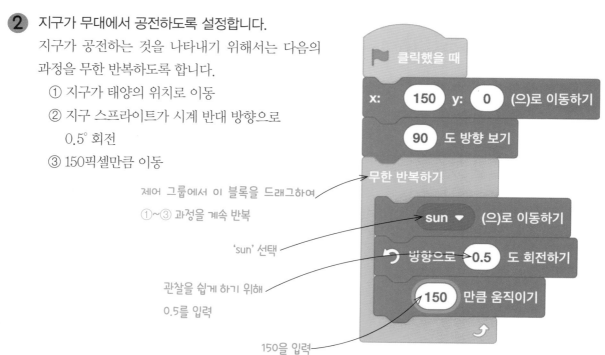

제어 그룹에서 이 블록을 드래그하여
①~③ 과정을 계속 반복

'sun' 선택

관찰을 쉽게 하기 위해
0.5를 입력

150을 입력

3 무대에 지구의 이동 경로를 표시하여 지구의 공전 궤도를 알 수 있습니다.

무대에서 지구가 태양 주위를 공전하는 과정을 표시할 수 있도록 설정합니다. 이 과정을 생략해도 금성의 위상을 파악하는 데에는 지장이 없으나, 공전 과정을 살펴볼 수 있도록 궤적을 표시합니다.

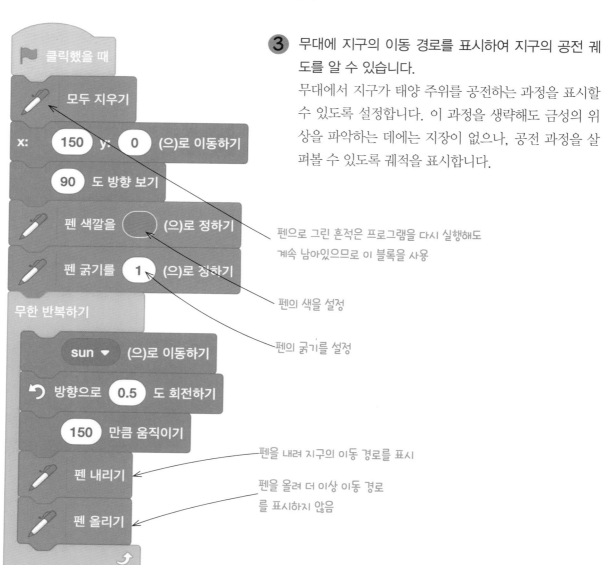

펜으로 그린 흔적은 프로그램을 다시 실행해도
계속 남아있으므로 이 블록을 사용

펜의 색을 설정

펜의 굵기를 설정

펜을 내려 지구의 이동 경로를 표시

펜을 올려 더 이상 이동 경로
를 표시하지 않음

03 '금성의 공전'을 코딩하자

금성은 내행성으로 지구보다 태양에 가까우며 태양을 중심으로 공전하고 있습니다. 지구가 동일하게 공전하는 방법과 동일한 방법으로 금성이 공전하도록 합니다.

① **금성** 스프라이트를 선택하고 시작 위치를 설정합니다.

금성은 태양으로부터 0.7AU 떨어진 위치에 있습니다. 태양에서 지구까지의 거리인 1AU를 150픽셀로 표현했으므로 0.7AU는 약 100픽셀로 설정합니다.

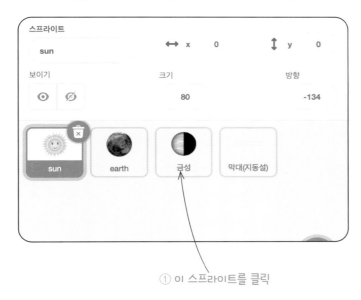

① 이 스프라이트를 클릭

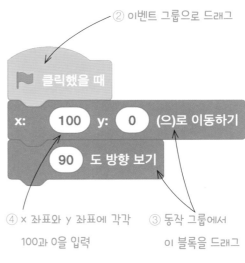

② 이벤트 그룹으로 드래그

④ x 좌표와 y 좌표에 각각 100과 0을 입력

③ 동작 그룹에서 이 블록을 드래그

② 금성이 무대에서 공전하도록 설정합니다.

금성이 공전하는 것을 나타내기 위해서는 다음의 과정을 무한 반복하도록 합니다

ⓐ 태양의 위치로 이동

ⓑ 금성 스프라이트가 시계 반대 방향으로 0.8° 회전 (금성의 위상을 관찰하기 쉽도록 각도를 반으로 줄여 속도를 조절합니다. 원래 금성은 224일 동안 태양 주변을 한 바퀴 도니까, 하루에 $360/224°$ ≒1.6°씩 회전하는 것으로 설정하였습니다.)

ⓒ 100픽셀만큼 이동 (금성이 태양으로부터 떨어진 거리 0.7AU)

'sun' 선택

0.8을 입력

100을 입력

③ 무대에 금성의 이동 경로를 표시하여 금성의 공전 궤도를 알 수 있습니다.

무대에서 금성이 태양 주위를 공전하는 과정을 표시할 수 있도록 설정합니다. 금성의 위상을 파악하는 것과 관련 없으므로 생략해도 괜찮습니다.

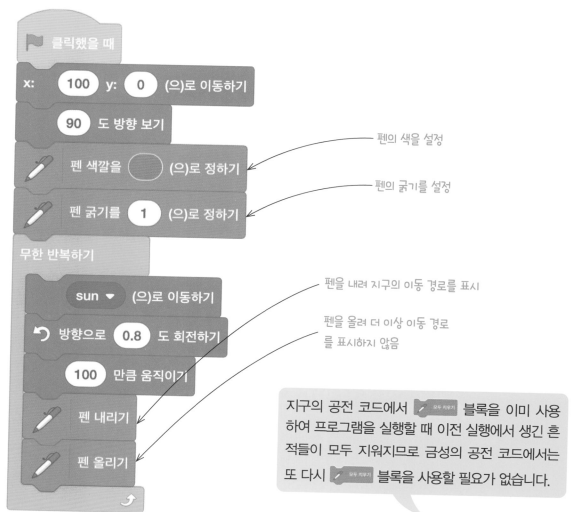

펜의 색을 설정

펜의 굵기를 설정

펜을 내려 지구의 이동 경로를 표시

펜을 올려 더 이상 이동 경로를 표시하지 않음

지구의 공전 코드에서 모두 지우기 블록을 이미 사용하여 프로그램을 실행할 때 이전 실행에서 생긴 흔적들이 모두 지워지므로 금성의 공전 코드에서는 또 다시 모두 지우기 블록을 사용할 필요가 없습니다.

④ 프로그램을 실행시켜봅니다.

지구와 금성이 태양 주변을 공전하는 것을 확인할 수 있습니다.

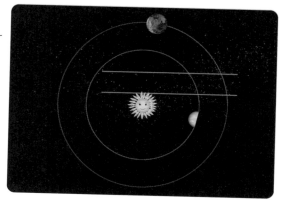

04 '막대 스프라이트'를 코딩하자

지구에서 금성을 바라봤을 때 금성의 위상이 어떤 모양을 하고 있는지 무대에서 확인하기 쉽도록 막대 스프라이트를 이용하여 안내선의 역할을 하도록 합니다.

① **막대** 스프라이트의 중심을 변경합니다.

막대는 지구에서 금성을 가리키는 역할을 하므로 중심이 막대의 한쪽 끝에 있어야 합니다.

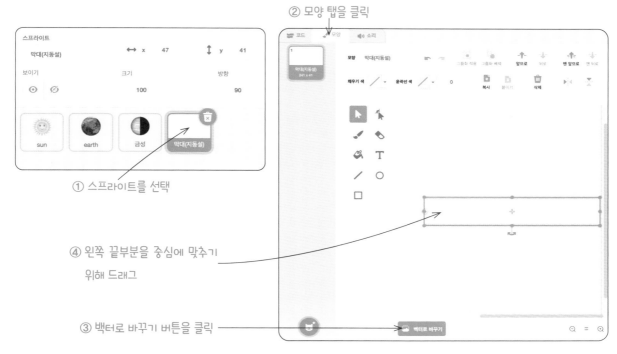

② 막대의 시작 위치를 설정합니다.

막대는 지구에서 금성을 바라보는 안내선 역할을 하므로 지구의 위치에서 시작합니다. 그리고 지구의 위치에서 금성을 바라보도록 합니다.

지구와 금성을 계속 연결해야 하므로 이 블록을 사용

'earth'를 선택

'금성'을 선택

③ 프로그램을 실행하여 막대가 지구에서 금성까지 가리키고 있는 것을 확인합니다.

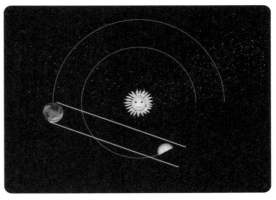

06 '금성의 위상'을 코딩하자

Pixlr를 이용해서 만든 여러 개의 금성 위상 이미지를 스프라이트로 등록하고 금성이 공전할 때 지구에서는 금성이 어떻게 보이는지를 확인해 봅시다.

1 위상 이미지 중 하나를 스프라이트로 업로드한 뒤, 스프라이트 이름을 **금성 위상**으로 수정합니다.

② 스프라이트 이름 변경

금성의 위상 변화 이미지들은 별도로 제공하였으니 학습에 활용하시기 바랍니다.

① 스프라이트 업로드를 클릭

2 나머지 위상 이미지도 업로드합니다.

모양 탭에서 나머지 위상 이미지를 위상의 순서대로 업로드합니다. 한 스프라이트에 여러 모양이 생기는 것입니다.

① [모양] 탭을 클릭

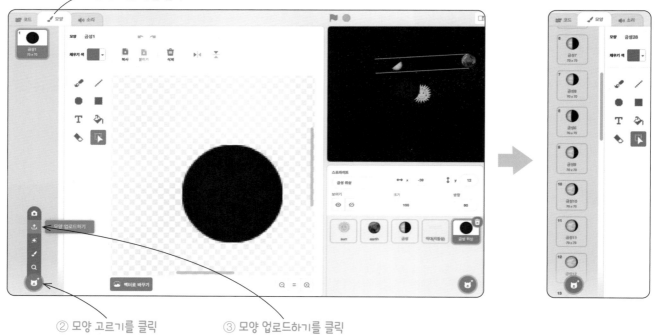

② 모양 고르기를 클릭　　　③ 모양 업로드하기를 클릭

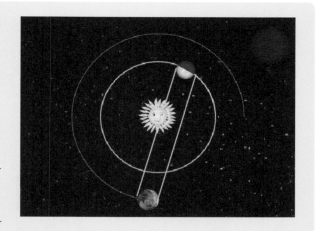

금성의 위상을 업로드하기 전에 읽어주세요!

업로드할 금성의 위상 모양은 총 25개입니다. 지구와 금성 사이의 거리가 가장 멀 때, 금성은 보름달 모양으로 보입니다. 지구-태양-금성이 일직선이 되는 때이기도 합니다.

그런데 실제로는 지구에서 바라보는 금성은 오른쪽 그림과 같이 일직선이 되기 전과 후로도 보름달 모양처럼 보입니다. 시뮬레이션 프로그램에서 이를 표현하기 위하여 보름달 모양인 ⑬번 전과 후로도 ⑬번 이미지를 추가하여 보름달 모양의 금성이 오래 보이도록 설정합니다.

또한, ㉕번 위상 다음에 보이지 않는 금성 이미지인 ①번 모양을 업로드합니다. 왜냐하면 지구-금성-태양이 일직선이 되는 때에는 금성이 보이지 않기 때문입니다.

금성의 위상 이미지를 스프라이트 모양으로 업로드하는 순서는 다음과 같습니다.

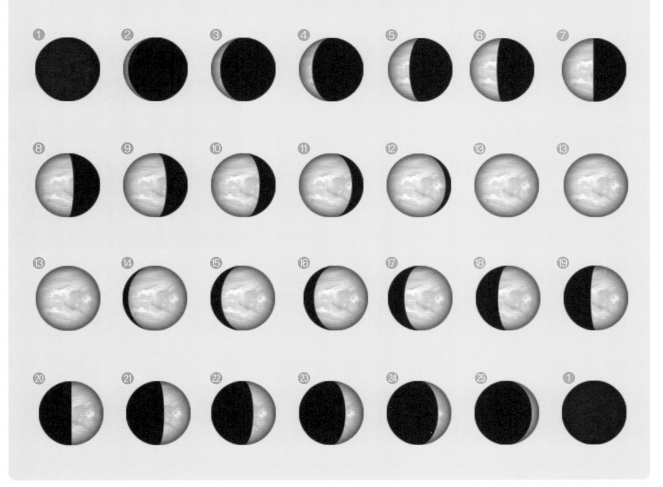

무대에서 검은색 금성 위상 스프라이트는 어떻게 찾을 수 있나요?

우리는 삭월 모양의 금성 위상을 스프라이트로 업로드하였습니다. 그런데 우주 배경이 검은색이어서 금성 위상 스프라이트가 삭월 모양일 때 어디에 위치하는지 무대에서 찾아 보기 어렵습니다. 이때, 금성 위상을 찾는 방법으로 2가지가 있습니다.

❶ 스프라이트 목록에서 금성 위상 스프라이트를 더블클릭하여 스프라이트 위치를 파악합니다.

❷ 임의로 금성 스프라이트의 모양을 변경하여 위치를 파악합니다

① 모양 탭을 클릭합니다.

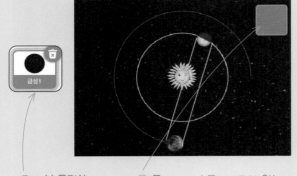

① 더블 클릭합니다.

② 무대에서 스프라이트의 위치가 나타납니다.

② 금성이 보이는 위상으로 선택합니다.

③ 무대에 금성의 위치가 나타납니다.

❸ 금성 위상 스프라이트를 무대의 오른쪽 위에 배치합니다.

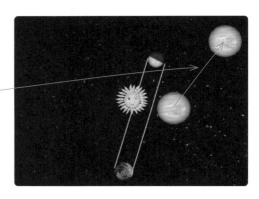

여기로 드래그

❹ 금성의 위상이 변하는 과정을 시뮬레이션 프로그램에서 어떻게 표현할 것인지 생각해 봅시다.

금성의 위상을 금성이 지구와 가장 가까울 때와 가장 멀 때를 기준으로 구분할 수 있습니다.

과학에서 지구와 금성이 가장 가까울 때를 내합, 가장 멀 때를 외합이라고 합니다. 무대에서 지구 스프라이트와 금성 스프라이트가 가장 가까운 내합 시기에 지구와 금성 간의 거리가 50픽셀입니다. 그리고 가장 먼 외합 시기에는 지구와 금성 간의 거리가 250픽셀입니다.

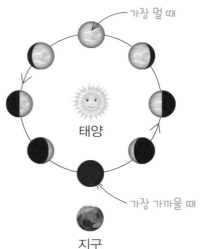

가장 멀 때

태양

가장 가까울 때

지구

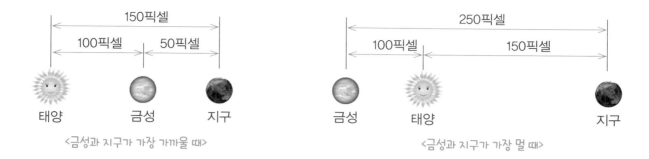

150픽셀		
100픽셀	50픽셀	

태양　　　　금성　　　　지구

<금성과 지구가 가장 가까울 때>

250픽셀	
100픽셀	150픽셀

금성　　　태양　　　　　　　지구

<금성과 지구가 가장 멀 때>

① 내합과 외합을 기준으로 금성의 위상이 변하도록 설정합니다. 위상의 변화를 나타내려면 다음의 과정을 무한 반복하여 실행해야 합니다.

    ⓐ 지구에서 금성 사이의 거리를 파악

    ⓑ 지구 스프라이트와 금성 스프라이트가 가장 가까울 때(50픽셀), 1 ~ 15번 금성 위상까지 변화

    ⓒ 지구와 금성이 가장 멀 때(250픽셀), 13 ~ 28번 금성 위상까지 변화

    ⓓ 지구와 금성 사이의 거리에 따라 금성 위상의 크기가 변하도록 설정

② 금성 위상의 모양 변화 시간을 설정합니다. 위의 ⓑ, ⓒ 단계에서 각 금성 위상이 몇 초마다 모양을 변하도록 할 것인지 생각해 봅시다. 그런데 다음 표에서 알 수 있듯 4구간을 기준으로 각 구간마다 위상이 변하는 시간이 약간씩 달라집니다.

측정하는 기준은 다음과 같습니다. 각 구간별 금성 위상의 개수는 다음 표와 같으며, 각 구간의 시간과 금성 위상 당 시간은 스크래치의 타이머를 이용하여 측정합니다.

시간 측정 구간	각 구간의 금성 위상 개수	각 구간의 시간	금성 위상 당 시간
삭월 모양 ~ 하현달 모양	7		
하현달 모양 ~ 보름달 모양	7		
보름달 모양 ~ 상현달 모양	9		
상현달 모양 ~ 삭월 모양	6		

이 표는 뒤에서 더 상세히 다룰 예정입니다.

⑤ 지구에서 금성까지의 거리를 파악하여 금성 위상 스프라이트로 전달합니다.

금성 위상이 공전 운동과 동기화되도록 지구에서 금성까지의 거리 변화를 파악할 수 있도록 합니다. 지구에서 금성이 가장 멀 때는 보름달 모양, 가장 가까울 때는 그믐달 모양이 되기 때문입니다.

① 지구 스프라이트를 선택하고, 지구 ~ 금성 사이의 거리를 계속 파악할 수 있도록 **무한 반복하기** 블록을 연결합니다. 그 다음, **만약 ~(이)라면** 블록을 연결하여 지구 ~ 금성 사이의 거리 조건에 따라 다른 명령 블록들이 동작할 수 있도록 만들어 줍니다.

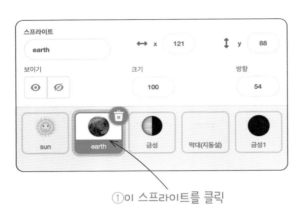

① 이 스프라이트를 클릭

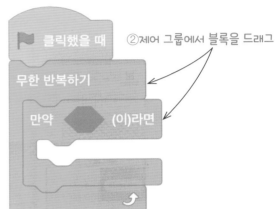

② 제어 그룹에서 블록을 드래그

만약 ~(이)라면 블록은 조건이 **참**일 경우에 블록 안에 연결된 다른 명령을 실행하는 블록입니다. 여기서는 지구와 금성 간의 최단 거리를 파악하기 위해서는 이 블록을 사용합니다.

② 무대에서 지구와 금성이 가장 가까울 때의 거리는 50픽셀입니다. 따라서 지구와 금성의 거리가 50픽셀인지 확인하는 과정이 필요합니다. 그러기 위해 **만약 ~(이)라면** 블록에 지구와 금성 간의 거리가 50픽셀인지 물어보는 조건을 삽입해야 합니다. 다음과 같이 블록을 연결해 지구~금성 간 거리가 51보다 작으면 지구와 금성 간의 거리가 가장 짧은 것이라 판단할 수 있도록 51을 입력합니다.

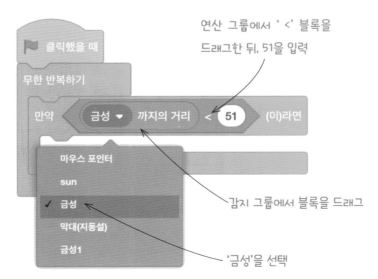

연산 그룹에서 ' < ' 블록을 드래그한 뒤, 51을 입력

감지 그룹에서 블록을 드래그

'금성'을 선택

> 왜 **금성까지의 거리가 50과 같을 때** 조건을 사용하지 않을까?

왼쪽 코드와 같이 지구 ~ 금성 간 거리가 50과 같을 때 조건을 블록으로 연결하면 프로그램이 우리가 예상한 대로 실행되지 않습니다. 왜냐하면 지구 ~ 금성 간 거리가 정확하게 50과 일치할 경우에만 참으로 인식하기도 하고, 컴퓨터가 50과 같은지 확인하는 시점에 거리가 49.9라고 하더라도 거짓으로 인식하기 때문입니다. 따라서 거리가 대략 50일 때 감지하고 실행할 수 있도록 < 51 블록을 사용합니다.

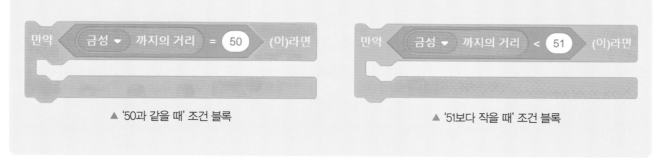

▲ '50과 같을 때' 조건 블록　　　　　　　　　　　　　　▲ '51보다 작을 때' 조건 블록

③ 금성 위상 스프라이트가 가장 짧을 때 다른 스프라이트에 신호를 보낼 수 있도록 다음과 같이 블록을 메시지 신호 보내기 블록을 추가합니다.

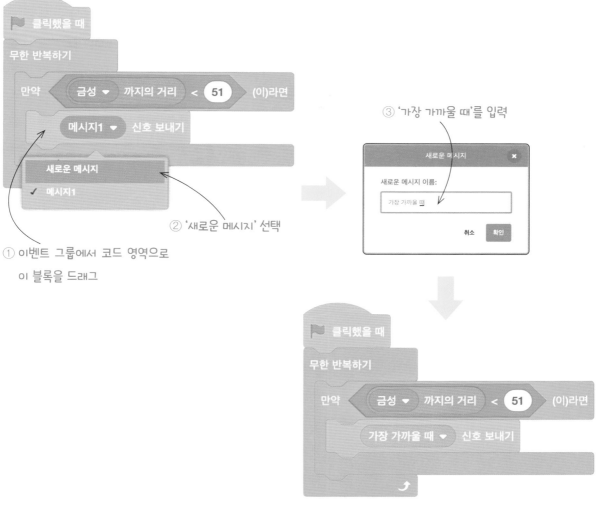

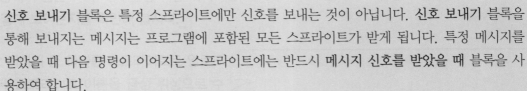

신호 보내기 블록은 어디로 신호를 보내는 것이죠?

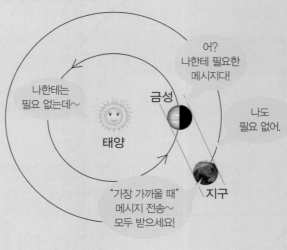

신호 보내기 블록은 특정 스프라이트에만 신호를 보내는 것이 아닙니다. 신호 보내기 블록을 통해 보내지는 메시지는 프로그램에 포함된 모든 스프라이트가 받게 됩니다. 특정 메시지를 받았을 때 다음 명령이 이어지는 스프라이트에는 반드시 **메시지 신호를 받았을 때** 블록을 사용하여 합니다.

④ 지구 ~ 금성 간 거리가 가장 가까울 때를 파악할 수 있는 코드를 완성하였다면 이번에는 지구 ~ 금성 간 거리가 가장 멀 때를 파악하는 코드를 만들어 봅시다. 무대에서 지구와 금성이 가장 멀 때의 거리는 250 픽셀입니다. 가장 가까울 때를 파악할 수 있는 코드와 거의 동일하므로 ③에서 완성한 코드를 복사하여 바로 옆에 위치시킵니다.

① 마우스 오른쪽 버튼을 클릭하여
메뉴에서 '복사하기'를 선택

② 복사된 블록을 드래그하여 배치

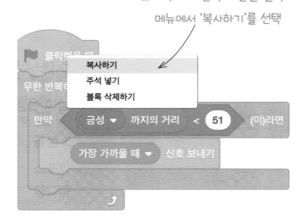

<기존에 만들어진 코드>

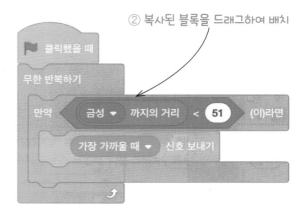

<복사한 코드>

⑤ **만약 ~(이)라면** 블록에 지구와 금성 간의 거리가 250픽셀인지 물어보는 조건을 삽입해야 하므로 지구 ~ 금성 간 거리가 249보다 크면 지구와 금성 간의 거리가 가장 큰 것이라 판단할 수 있도록 다음과 같이 249을 입력합니다. 가장 먼 거리를 파악하기 위해서 지구에서 금성까지의 거리가 249픽셀보다 클 경우, 가장 멀다는 신호를 전송합니다.

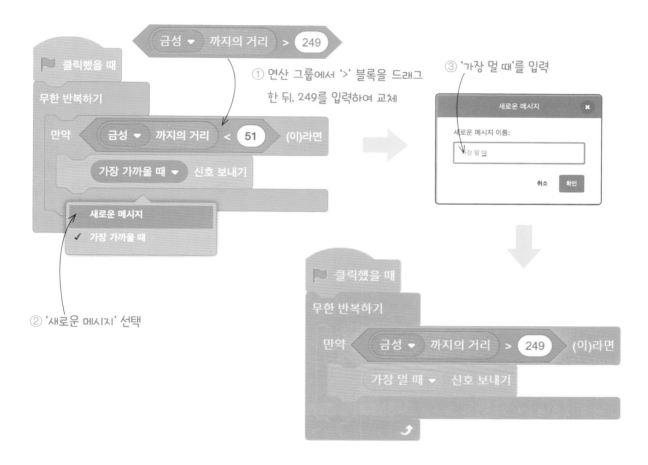

6️⃣ 신호에 따라 금성 위상이 변화하도록 설정합니다.

① 시간을 측정하기 위하여 타이머를 사용합니다. 그리고 변수를 만들어 타이머로 측정한 시간을 저장합니다. 금성 위상 스프라이트를 클릭해 '시간'이라는 변수를 만듭니다.

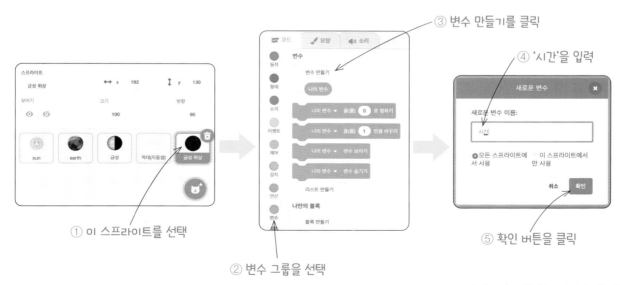

② 무대에서 시간을 보여주고 끊임없이 측정할 수 있도록 다음과 같이 블록을 연결합니다.

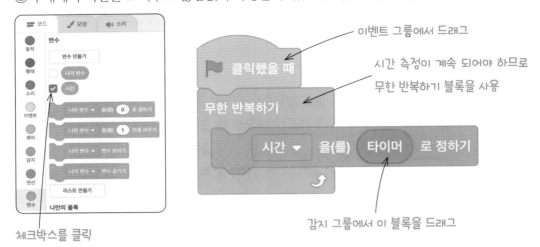

③ 프로그램이 실행될 때마다 0초로 초기화 시켜야 정확한 시간을 측정할 수 있으므로 **타이머 초기화** 블록을 추가합니다.

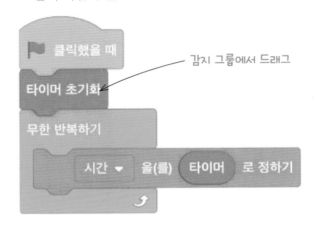

④ 프로그램을 실행해 시간을 측정해 봅니다.

(※ 프로그램에서 금성 위상의 정확한 동기화를 위해서는 프로그램을 실행할 때에는 무대에 타이머가 표시되지 않도록 설정합니다.)

시간 측정 구간	각 구간의 금성 위상 개수	각 구간의 시간*	각 구간의 실제 시간**	실제 금성 위상 당 시간
삭월 모양 ~ 하현달 모양	7	6	5.5	0.8
하현달 모양 ~ 보름달 모양	7	14	12.6	1.8
보름달 모양 ~ 상현달 모양	9	16	13	1.45
상현달 모양 ~ 삭월 모양	6	6	5.4	1

* 타이머를 무대에 표시했을 때
** 타이머를 무대에 표시하지 않았을 때

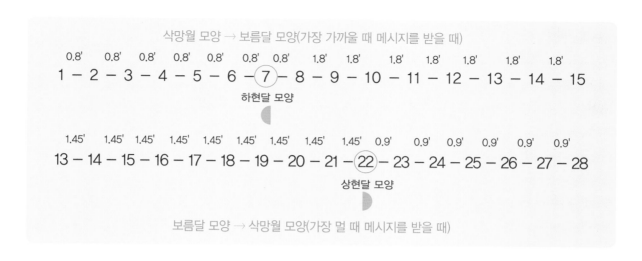

삭망월 모양 → 보름달 모양(가장 가까울 때 메시지를 받을 때)

```
0.8'  0.8'  0.8'  0.8'  0.8'  0.8'  0.8'  1.8'  1.8'   1.8'   1.8'   1.8'   1.8'   1.8'
1 — 2 — 3 — 4 — 5 — 6 —⑦— 8 — 9 — 10 — 11 — 12 — 13 — 14 — 15
                              하현달 모양
```

```
1.45'  1.45'  1.45'  1.45'  1.45'  1.45'  1.45'  1.45'  1.45'  0.9'   0.9'   0.9'   0.9'   0.9'   0.9'
13 — 14 — 15 — 16 — 17 — 18 — 19 — 20 — 21 —㉒— 23 — 24 — 25 — 26 — 27 — 28
                                              상현달 모양
```

보름달 모양 → 삭망월 모양(가장 멀 때 메시지를 받을 때)

7 프로그램이 시작될 때 항상 첫 번째 금성 위상 모양이 보이도록 설정합니다.

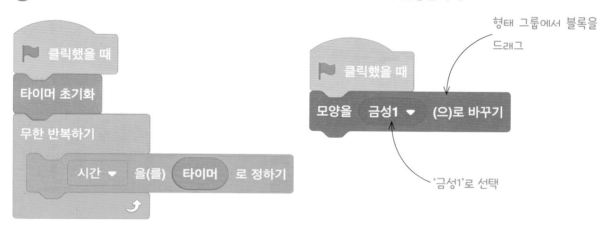

형태 그룹에서 블록을 드래그

'금성1'로 선택

8 '가장 가까울 때' 메시지를 받습니다.

지구 스프라이트에서 보낸 '가장 가까울 때' 메시지를 받기 위해 금성 위상 스프라이트가 선택된 상태에서 **신호를 받았을 때** 블록을 추가합니다.

이벤트 그룹에서 이 블록을 드래그

지구와 금성이 가장 가까울 때 명령을 실행 해야 하므로 '가장 가까울 때' 메시지를 선택

9 '가장 가까울 때' 메시지를 받으면 금성의 위상이 다음과 같은 과정으로 변하도록 설정합니다.

ⓐ 금성 위상 모양 1번(삭월 모양)부터 시작

ⓑ 금성 위상 모양이 15번(보름달 모양)이 될 때까지

　　ⓑ-1) 만약 모양이 8번(하현달 다음 단계)보다 작으면 ➡ 삭월 모양 ~ 하현달 모양 구간

　　　　ⓑ-1-1) 0.8초 동안 위상 유지

　　　　ⓑ-1-2) 다음 금성 위상으로 변경

　　ⓑ-2) 모양이 8번 이상이면 ➡ 하현달 다음 모양 ~ 보름달 모양 구간

　　　　ⓑ-2-1) 1.8초 동안 위상 유지

　　　　ⓑ-2-2) 다음 금성 위상으로 변경

10 금성의 위상이 변할 수 있도록 블록을 연결합니다.

① 금성의 위상이 1번 모양부터 시작할 수 있도록 모양을 ~(으)로 바꾸기 블록을 연결합니다.

형태 그룹에서 이 블록을 드래그한 뒤, '금성1'을 선택

② '가장 가까울 때' 메시지를 받았을 때 금성 위상 스프라이트가 보름달 모양(금성 위상 모양 15번)이 될 때까지 반복하도록 다음과 같이 블록을 연결합니다.

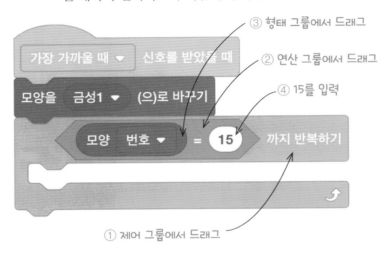

③ 형태 그룹에서 드래그

② 연산 그룹에서 드래그

④ 15를 입력

① 제어 그룹에서 드래그

~까지 반복하기 블록은 조건이 참일 때까지 블록 안에 연결된 다른 명령을 반복 실행하는 블록입니다. 반복할 횟수를 정확하게 알지 못할 때에도 사용할 수 있습니다.

③ 모양 번호가 15번까지 변하는 과정에서 모양 7번까지는 0.8초 간격으로 변화하고 모양 8번부터는 1.8초 간격으로 변하도록 설정하기 위해 다음과 같이 블록을 추가합니다.

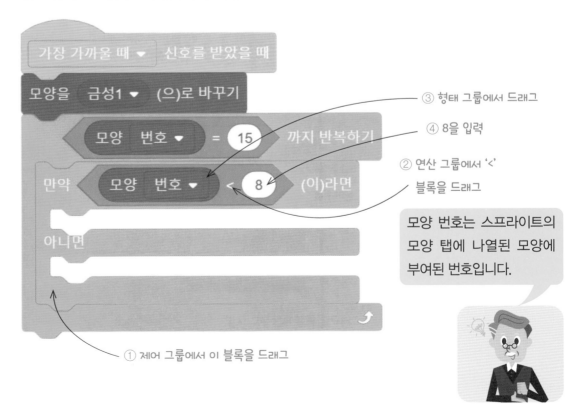

③ 형태 그룹에서 드래그

④ 8을 입력

② 연산 그룹에서 '<' 블록을 드래그

모양 번호는 스프라이트의 모양 탭에 나열된 모양에 부여된 번호입니다.

① 제어 그룹에서 이 블록을 드래그

④ **만약 ~(이)라면 … 아니면** 블록 안에 모양 1번부터 7번까지는 0.8초 간격으로 변화되도록 하기 위해서 다음과 같이 블록을 연결합니다.

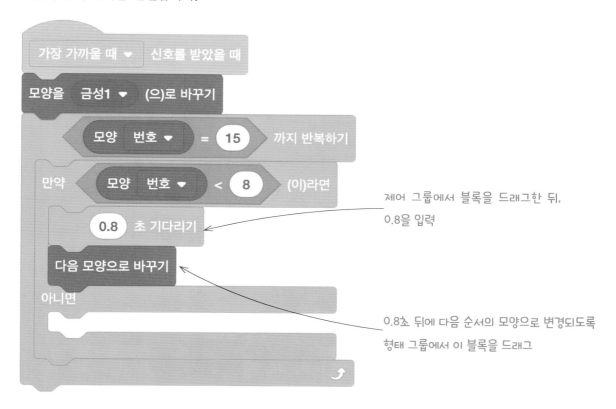

제어 그룹에서 블록을 드래그한 뒤,
0.8을 입력

0.8초 뒤에 다음 순서의 모양으로 변경되도록
형태 그룹에서 이 블록을 드래그

⑤ 모양 번호 8번부터는 1.8초 간격으로 위상이 변할 수 있도록 다음과 같이 블록을 연결합니다.

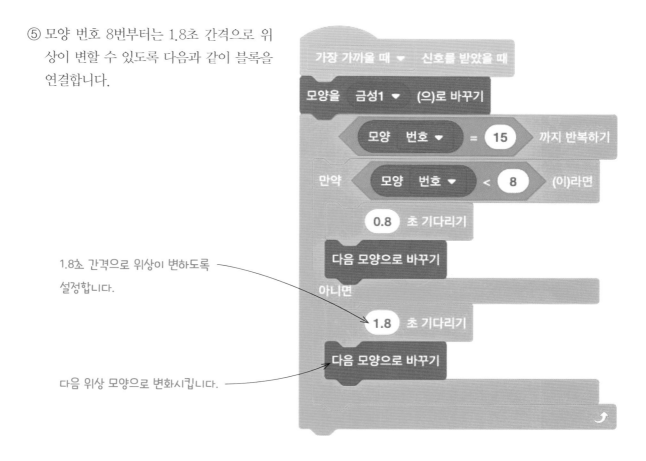

1.8초 간격으로 위상이 변하도록
설정합니다.

다음 위상 모양으로 변화시킵니다.

11 '가장 멀 때' 신호를 받은 뒤, 금성의 위상 모양이 변하도록 설정합니다. '가장 멀 때' 신호를 받을 때의 명령 코드는 위 코드와 거의 동일하므로 코드를 복사하여 수정합니다.

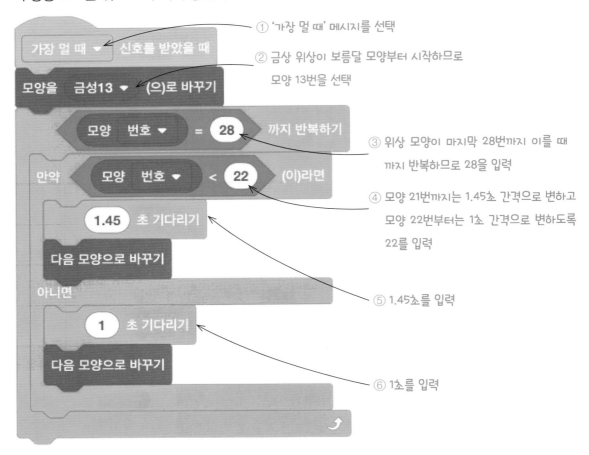

① '가장 멀 때' 메시지를 선택

② 금상 위상이 보름달 모양부터 시작하므로 모양 13번을 선택

③ 위상 모양이 마지막 28번까지 이를 때까지 반복하므로 28을 입력

④ 모양 21번까지는 1.45초 간격으로 변하고 모양 22번부터는 1초 간격으로 변하도록 22를 입력

⑤ 1.45초를 입력

⑥ 1초를 입력

12 지구에서 금성의 거리에 따라 금성 위상의 크기가 변하도록 설정합니다.

① 지구에서 금성까지의 거리를 저장하는 변수를 만듭니다. **지구** 스프라이트를 클릭해 '지구–금성 거리'의 이름으로 변수를 만듭니다.

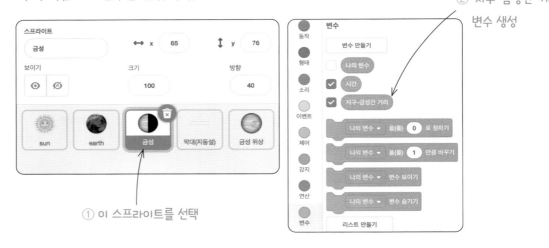

① 이 스프라이트를 선택

② '지구-금성간 거리' 변수 생성

② 지구-금성 간 거리 변수에 지구와 금성 간의 거리가 저장되도록 설정합니다.

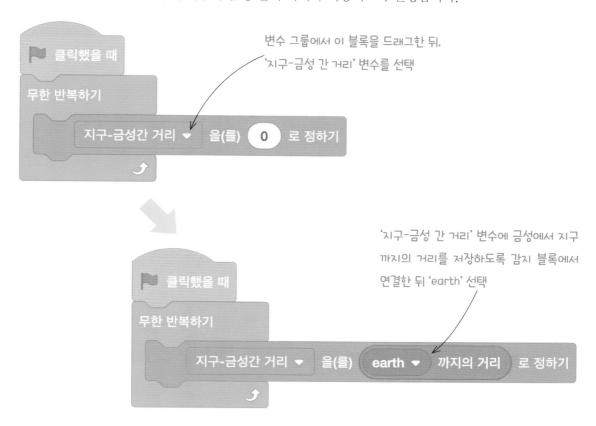

변수 그룹에서 이 블록을 드래그한 뒤,
'지구-금성 간 거리' 변수를 선택

'지구-금성 간 거리' 변수에 금성에서 지구까지의 거리를 저장하도록 감지 블록에서 연결한 뒤 'earth' 선택

13 지구에서 금성까지의 거리에 따라 금성 위상의 크기를 변하도록 계산하는 블록을 연결합니다.

가장 작을 때의 위상의 크기와 가장 클 때의 위상의 크기는 약 6배가 차이가 나므로 지구와 금성까지의 거리가 가장 멀 때 위상의 실제 크기의 20%가 되도록 설정합니다. 반대로 지구와 금성까지의 거리가 가장 가까울 때 실제 크기의 120%가 되도록 설정합니다.

- 지구와 금성 간 거리가 가장 가까울 때는 50픽셀로, 원래 크기의 120%가 되도록 설정합니다.
- 지구와 금성 간 거리가 가장 멀 때는 250픽셀로, 원래 크기의 20%가 되도록 설정합니다.

이 두 조건을 이용하여 금성 위상의 크기를 조절하는 식을 구합니다.

$$\frac{250 - (지구와\ 금성\ 간\ 거리)}{2} + 20$$

이 식에 따르면, 지구와 금성 간 거리가 250픽셀일 때 (250−250)/2 + 20 = 20이므로 금성 위상이 원래 크기의 20%로 보입니다. 또한 지구와 금성 간 거리가 50픽셀일 때에는 (250−50)/2 + 20 = 120이므로 금성 위상이 원래 크기의 120%로 보입니다.

① **금성 위상** 스프라이트를 선택하고 형태 그룹의 **크기를 ~%로 정하기** 블록을 추가합니다.

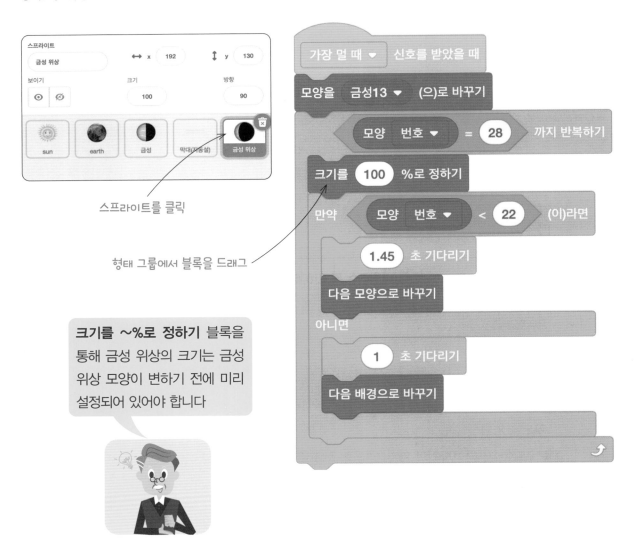

스프라이트를 클릭

형태 그룹에서 블록을 드래그

크기를 ~%로 정하기 블록을 통해 금성 위상의 크기는 금성 위상 모양이 변하기 전에 미리 설정되어 있어야 합니다

③ **연산** 그룹의 '-' 과 '/', '+' 연산 블록을 이용해서 다음과 같이 금성 위상의 크기를 조절하는 식을 만듭니다.

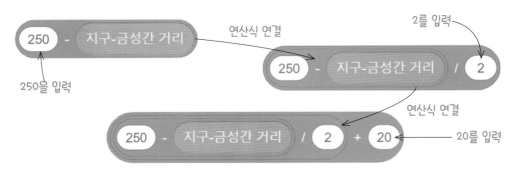

③ 연산식을 **크기를~%로 정하기** 블록에 끼워 넣어 완성합니다.

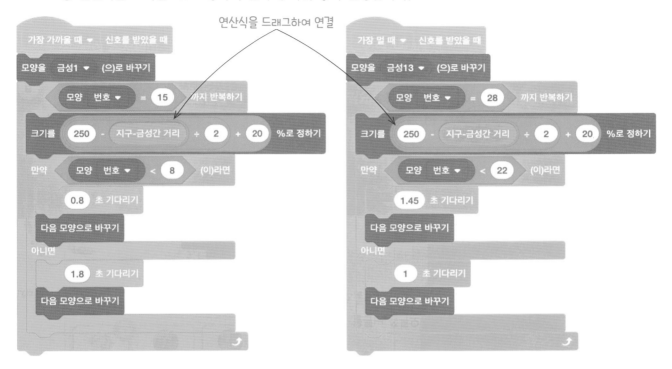

연산식을 드래그하여 연결

14 프로그램을 실행하여 금성의 위상이 변하고 지구와 금성 간 거리에 따라 금성의 크기가 달라지는지를 확인합니다. 실제 우리가 관찰할 수 있는 금성의 위상이 이 시뮬레이션 프로그램에서 나타납니다.

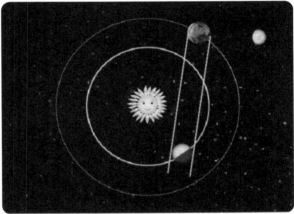

UPGRADE SCIENCE

지동설이 인정받게 된 또 다른 근거는 무엇이 있을까요?

갈릴레이가 망원경을 만들어 우주를 관찰하기 시작한 이후 천동설이 잘못되었다는 근거들이 속속들이 나타나기 시작했습니다.
천동설을 주장한 학자들은 "우주의 모든 천체는 지구를 중심으로 공전한다."고 말했습니다.
그런데, 갈릴레이는 목성을 관찰하다가 목성 주위를 공전하는 위성들을 발견하고, 지구가 중심이 아닌 것을 발견하게 되었습니다. 그리고 금성의 위상 변화와 함께 천동설이 잘못되었다는 것을 확신하게 되었습니다.
갈릴레이는 지동설을 지지하는 바람에 교회로부터 지탄을 받기도 했으나 코페르니쿠스의 지동설을 뒷받침하는 근거를 제시하면서 지구과학 분야 역사의 한 획을 그었습니다.

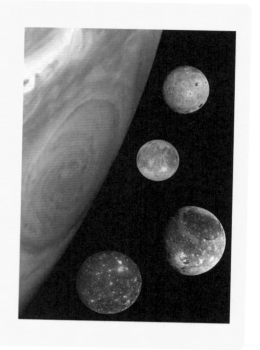

SCRATCH BLOCK

동작 그룹		
10 만큼 움직이기	스프라이트가 입력한 픽셀만큼 이동하도록 합니다.
↺ 방향으로 15 도 회전하기	스프라이트가 입력한 숫자 각도만큼 시계 반대 방향으로 회전하도록 합니다.
90 도 방향 보기	스프라이트의 진행 방향을 설정합니다. 90°는 오른쪽, 180°는 아래쪽, −90°는 왼쪽, 0°는 위쪽을 나타냅니다.
마우스 포인터 ▾ 쪽 보기	마우스 포인터나 다른 스프라이트를 향하도록 설정할 수 있습니다.
x: 0 y: 0 (으)로 이동하기	스프라이트가 입력한 x좌표와 y좌표로 이동하도록 합니다.
무작위 위치 ▾ (으)로 이동하기	스프라이트가 특정 위치로 이동하도록 합니다. 이동 위치는 무작위 위치, 마우스 포인터, 다른 스프라이트 중 선택할 수 있습니다.

형태 그룹	모양을 모양 2 ▼ (으)로 바꾸기	스프라이트의 모양을 선택한 모양으로 바꿉니다.
	다음 모양으로 바꾸기	스프라이트의 모양을 현재 모양에서 다음 모양으로 바꿀 수 있습니다.
	크기를 100 %로 정하기	스프라이트의 크기를 설정한 비율로 변경할 수 있습니다.
	모양 번호 ▼	스프라이트에 등록된 모양 번호를 사용할 수 있습니다.
펜 그룹	펜 내리기	스프라이트가 이동하는 경로를 따라 펜을 내려 그립니다.
	펜 올리기	펜을 올려 스프라이트의 이동 경로를 따라 그리는 것을 멈춥니다.
	펜 굵기를 1 (으)로 정하기	펜의 굵기를 설정합니다.
	펜 색깔을 (으)로 정하기	펜의 색깔을 설정합니다.
	모두 지우기	무대에서 펜을 사용한 흔적을 모두 지웁니다.
변수 그룹	지구-금성 거리 ▼ 을(를) 0 로 정하기	이 블록에 입력된 수가 변수에 저장됩니다.
	지구-금성 거리	변수를 만들면 변수 블록이 생성됩니다. 이 블록에 저장된 변수값을 활용할 수 있습니다.
연산 그룹	( ) - ( )	입력한 두 수의 뺄셈을 실행합니다.
	( ) ÷ ( )	입력한 두 수의 나눗셈을 실행합니다.
	( ) + ( )	입력한 두 수의 덧셈을 실행합니다.
	( ) × ( )	입력한 두 수의 곱셈을 실행합니다.
	( ) < 50 ( ) < 50	두 수의 크기를 비교할 수 있습니다.
	( ) = 50	두 수가 같은지 비교할 수 있습니다.

감지 그룹	마우스 포인터 ▼ 까지의 거리	스프라이트로부터 설정한 위치나 스프라이트까지의 거리를 구합니다. 마우스 포인터, 다른 스프라이트 중에서 설정할 수 있습니다.
	타이머	타이머에 있는 값을 저장하므로 그 값을 활용할 수 있습니다.
	타이머 초기화	타이머에 저장되어 있는 값을 초기화합니다.
제어 그룹	무한 반복하기	블록 내부에 삽입된 다른 블록을 무한 반복하여 실행합니다.
	1 초 기다리기	다음 블록이 실행되기 전까지 입력한 시간만큼 기다리도록 만듭니다.
	만약 (이)라면	조건이 참이면 블록 내부에 삽입된 다른 블록들이 실행됩니다. 거짓일 때는 이 블록 아래에 삽입된 블록이 실행되거나 어떤 실행도 일어나지 않을 수 있습니다.
	만약 (이)라면 아니면	조건이 참이면 '만약 ~(이)라면' 아래의 블록들이 실행되고, 거짓이면 '아니면' 아래의 블록들이 실행됩니다.
	까지 반복하기	조건이 참일 때, 이 블록 내부에 삽입된 블록들이 반복하여 실행합니다.
이벤트 그룹	클릭했을 때	무대 위의 녹색 깃발을 클릭하면 프로그램이 실행되도록 합니다.
	메시지1 ▼ 신호를 받았을 때	정해진 신호를 받았을 때, 이 블록 아래에 있는 코드가 실행되도록 합니다. 메시지 이름을 정할 수 있습니다.
	메시지1 ▼ 신호 보내기	스프라이트에 특정 메시지를 보낼 수 있습니다.
	메시지1 ▼ 신호 보내고 기다리기	특정 메시지를 보내고 기다리도록 합니다.

SCRATCH BLOCK 더 알아보기

동작 그룹

블록	설명
↻ 방향으로 15 도 돌기	입력한 숫자 각도만큼 스프라이트가 시계 방향으로 회전하도록 합니다.
1 초 동안 랜덤 위치 ▼ (으)로 이동하기	스프라이트가 입력된 시간동안 랜덤 위치, 마우스 포인터 등으로 이동하도록 합니다.
1 초 동안 x: 0 y: 0 (으)로 이동하기	스프라이트가 입력된 시간동안 x좌표와 y좌표 위치로 이동하도록 합니다.
x 좌표를 10 만큼 바꾸기	현재 위치에서 x좌표 값을 입력한 만큼 이동하도록 합니다.
y 좌표를 10 만큼 바꾸기	현재 위치에서 y좌표 값을 입력한 만큼 이동하도록 합니다.
x 좌표를 0 (으)로 정하기	스프라이트의 x좌표 값을 입력한 위치로 설정할 수 있습니다.
y 좌표를 0 (으)로 정하기	스프라이트의 y좌표 값을 입력한 위치로 설정할 수 있습니다.
벽에 닿으면 튕기기	스프라이트가 무대의 위, 아래, 왼쪽, 오른쪽 끝에 닿으면 튕기도록 합니다.
회전 방식을 왼쪽-오른쪽 ▼ (으)로 정하기	스프라이트의 회전 방식을 메뉴에서 선택하여 설정할 수 있습니다.
x 좌표 y 좌표	이 블록을 다른 블록에 연결하여 스프라이트의 x, y 좌표 값을 활용할 수 있습니다.
방향	이 블록을 다른 블록에 연결하여 스프라이트의 방향 값을 활용할 수 있습니다.

형태 그룹

블록	설명
안녕! 을(를) 2 초 동안 말하기	스프라이트가 정해진 시간 동안 입력받은 말을 하도록 합니다.
안녕! 말하기	스프라이트가 입력받은 말을 하도록 합니다.
음… 을(를) 2 초 동안 생각하기	스프라이트가 정해진 시간 동안 입력받은 내용을 생각 풍선으로 나타내도록 합니다.
음… 생각하기	스프라이트가 입력받은 내용을 생각 풍선으로 나타내도록 합니다.

| 보이기   숨기기 | '보이기' 블록은 무대에 보이지 않는 스프라이트를 무대 위에 나타나도록 합니다. '숨기기' 블록은 무대에 보이는 스프라이트를 무대 위에 나타나지 않도록 합니다. |

| 배경을 배경 1 ▼ (으)로 바꾸기 | 무대 배경을 특정 배경으로 바꿀 수 있습니다. |

| 다음 배경으로 바꾸기 | 무대 배경을 현재 배경에서 다음 배경으로 바꿀 수 있습니다. |

| 색깔 ▼ 효과를 25 만큼 바꾸기 | 스프라이트에 적용된 효과를 입력된 값만큼 바꿀 수 있습니다. |

| 색깔 ▼ 효과를 0 (으)로 정하기 | 스프라이트에 적용된 효과를 입력된 값만큼 설정할 수 있습니다. |

| 그래픽 효과 지우기 | 현재 스프라이트에 적용된 효과를 모두 지워 원상태로 돌아오게 합니다. |

| 크기를 10 만큼 바꾸기 | 현재 스프라이트의 크기가 입력한 값만큼 변하도록 합니다. 값이 양수일 경우 크기가 커지고 음수일 경우 작아집니다. |

| 앞으로 ▼ 1 단계 보내기 | 스프라이트가 여러 개 있을 때, 순서를 블록에 입력한 값만큼 앞 또는 뒤로 정할 수 있습니다. |

이벤트 그룹

| 스페이스 ▼ 키를 눌렀을 때 | 키보드에서 특정 키를 눌렀을 때, 이 블록 아래에 있는 코드가 실행되도록 합니다. |

| 이 스프라이트를 클릭했을 때 | 무대 위 스프라이트를 클릭했을 때, 이 블록 아래에 있는 코드가 실행되도록 합니다. |

| 배경이 배경 1 ▼ (으)로 바뀌었을 때 | 무대가 특정 배경으로 바뀌었을 때, 이 블록 아래에 있는 코드가 실행되도록 합니다. |

| 음량 ▼ > 10 일 때 | 음량이나 타이머와 같은 속성이 입력한 값보다 커지면 이 블록 아래에 있는 코드가 실행되도록 합니다. |

제어 그룹

| 까지 기다리기 | 조건이 참일 때까지 다음 블록을 실행하지 않고 기다리도록 합니다. |

| 10 번 반복하기 | 이 블록 안에 있는 블록들을 입력받은 횟수만큼 반복 실행합니다. |

| 멈추기 모두 ▼ | 블록의 실행을 멈추게 할 수 있습니다. 메뉴에서 실행을 멈추게 할 코드의 범위를 설정할 수 있습니다. |

복제되었을 때	스프라이트가 복제되었을 때 이 블록 아래에 있는 코드가 실행되도록 합니다.
나 자신 ▾ 복제하기	스프라이트를 복제할 수 있습니다. 메뉴에서 복사할 스프라이트를 선택할 수 있습니다.
이 복제본 삭제하기	복제된 스프라이트를 삭제할 수 있습니다.

감지 그룹

마우스 포인터 ▾ 에 닿았는가?	조건으로 쓰이는 블록으로, 다른 스프라이트나 벽, 마우스 포인터 등에 닿았을 때 참 값을 전달합니다.
색에 닿았는가?	조건으로 쓰이는 블록으로, 특정 색에 닿았을 때 참 값을 전달합니다.
색이 색에 닿았는가?	조건으로 쓰이는 블록으로, 첫 번째 색이 두 번째 색에 닿았을 때 참 값을 전달합니다.
스페이스 ▾ 키를 눌렀는가?	조건으로 쓰이는 블록으로, 키보드에서 특정 키를 눌렀을 때 참 값을 전달합니다.
마우스를 클릭했는가?	조건으로 쓰이는 블록으로, 마우스를 클릭했을 때 참 값을 전달합니다.
What's your name? 라고 묻고 기다리기	질문할 내용을 입력하면 스프라이트가 질문을 하고 대답을 입력받을 수 있는 창이 무대에 등장합니다.
대답	위 블록을 통해 입력받은 대답이 이 블록에 저장되어 있어 다른 블록과 연결하여 활용할 수 있습니다.
마우스의 x좌표 마우스의 y좌표	이 블록에 현재 마우스가 위치한 곳의 x 또는 y 좌표 값이 저장되어 있어 다른 블록과 연결하여 활용할 수 있습니다.
드래그 모드를 드래그 할 수 있는 ▾ 상태로 정하기 ✓ 있는 / 없는	마우스 드래그 모드 사용 상태를 선택할 수 있습니다. 무대를 전체 화면으로 설정하였을 때, 무대에서 스프라이트를 마우스 드래그로 움직이려면 '있는'을 선택하고, 움직이게 하지 않으려면 '없는'을 선택합니다.
음량	마이크로 입력된 음량 값이 이 블록에 저장되어 있어 다른 블록과 연결하여 활용할 수 있습니다.
무대 ▾ 의 배경 번호 ▾	무대 등의 상태 값이 이 블록에 저장되어 있어 다른 블록과 연결하여 활용할 수 있습니다.
현재 년 ▾	현재 연, 월, 일, 요일, 시, 분, 초를 저장하고 있어 다른 블록과 연결하여 활용할 수 있습니다.
2000년 이후 현재까지 날짜 수	2000년 이후부터 현재까지 날짜 수를 저장하고 있어 다른 블록과 연결하여 활용할 수 있습니다.
사용자 이름	현재 사용자의 이름을 저장하고 있어 다른 블록과 연결하여 활용할 수 있습니다.

사이언스 코딩

2021년 4월 20일 초판 1쇄 인쇄
2021년 4월 30일 초판 1쇄 발행

책을 만든 사람들
집필 ㅣ 이영준 최정원
기획 ㅣ 정보산업부
진행 ㅣ 신지윤
표지 및 본문 디자인 ㅣ 정보산업부

펴낸곳 ㅣ (주)교학사
펴낸이 ㅣ 양진오
주소 ㅣ (공장) 서울특별시 금천구 가산디지털1로 42(가산동)
    (사무소) 서울특별시 마포구 마포대로14길 4(공덕동)
전화 ㅣ 02-707-5312(편집), 02-839-2505(주문)
문의 ㅣ itkyohak@naver.com
팩스 ㅣ 02-707-5359(편집), 02-839-2728(영업)
등록 ㅣ 1962년 6월 26일 〈18-7〉
교학사 홈페이지 ㅣ http://www.kyohak.co.kr
블로그 ㅣ http://blog.naver.com/itkyohak
SNS ㅣ 인스타그램(kyohaksa, jarambook) 페이스북(kyohaksa, itkyohak)